早稲田教育叢書 40

声の聴こえる 防災教育

―被災地と共に生きる人々から学ぶ―

金井 景子 編著

学文社

はじめに

被災地と共に生きる人々の声を聴き，それを次代に伝える。

　本書は，防災教育の基点にこのことを据える試みである。

　声を寄せてもらう地域として，著者および協働者が深い関わりを継続している，福島県岩瀬郡天栄村，熊本県水俣市，そして宮城県本吉郡南三陸町を主な対象としている。

　3.11 から 10 年余りの歳月が経過した。被災地の復興は，着実に進む一方で，大きな地域格差や課題を産んでいることも確かである。

　「福島民友新聞」は 2022 年の 9 月 13 日の記事において，県内外の避難者数が初めて 3 万人を切ったこと（県内避難者 6,481 人，県外避難者 22,727 人，避難先不明 5 人）や，帰還困難区域のうち同年 6 月に葛尾村と大熊町，8 月に双葉町で避難指示が解除されたことを紹介しているが，避難生活の長期化に伴い，避難者が抱える問題は個別・複雑化しており，避難指示の解除時期によって住民の帰還や意向にばらつきがあることも併せて指摘している。避難者が避難先でいわれのない差別を受ける事例報告は後を絶たず，福島県産をはじめとする被災地の食材の安全性に関する国内外の認識がなかなかアップデートされない現状は，「復興五輪」を謳ったはずの 2021 年の東京オリンピックにおいて，選手村で食材の産地名が明示されない選択がなされたことも記憶に新しいだろう。被災の後に，復興の途上で被害者であるはずの住民が差別を受けたり，客観的な数値に基づく安全性が確認されているにもかかわらず，風評被害に悩まされ続ける在り方に，水俣の歩みを重ねて考えることもできる。

　また，2022 年 10 月 1 日には，南三陸町に震災の経験を共有する「南三陸311 メモリアル」が開館した。91 本のべ 81 時間に及ぶ住民たちの証言映像と85 のドキュメントにまとめられた写真や情報のアーカイブを収蔵し，クリスチャン・ボルタンスキーの現代美術や写真家・浅田政志氏が住民たちと 8 年に

わたって続けてきた写真のプロジェクトといったアートが提供される，新たな伝承の試みである。本書にも登場する，地元で震災後に自主的に立ち上げられ，独自な活動をしてきた「語り部」さんたちの現場案内と声による記憶の伝承とが今後どのように交響し，連携し得るのか。2020 年には「南三陸町震災復興記念公園」が全面開園したが，その一角に佇む（旧）防災対策庁舎は，2031 年まで宮城県が管理・保存することが決定しており，この震災遺構を解体するか保存するかの論議は，ようやく折り返し点を超えたばかりである。

　人の数だけ被災の経験と復興を模索した記憶，そして紡がれた未来像があり，それらを手渡す語りがある。

　本書のもう一つの特色は，その声を寄せてくれる人々と聴き手が，地域の課題を共有して，歳月の中で対話を重ねてきたという点である。第 2 章で紹介する講演会シリーズ「被災地の声を聴く」（計 13 回）は，企画者となった聴き手が仲立ちをして，被災地と共に生きる人々の声を参加者が直接聴ける場を創り出したものであったが，それ以前もそれ以後も，互いの活動や暮らしに興味を寄せ，時に語り手と聴き手の立場を入れ替えながら交遊を重ねて，今日に至っている。

　防災教育に当事者の経験や叡智を導入する大切さは，改めて強調するまでもないことであるが，領域を横断して多くの人々を巻き込み，継続的に深化させていった一つの在り方として，未だ途中経過ではあるが，こうした形にまとめておく次第である。

　この約 10 年は，異常気象の影響により，日本においても毎年のように地域一帯の家屋が押し流されるような土石流の発生や河川の氾濫に見舞われ，2020 年以降は新型コロナウイルスの感染拡大も手伝って，避難所の在り方も含め，新たな生活様式を踏まえた防災教育が喫緊の課題となっている。本書は，人文科学の立場から，防災教育の基本理念を「被災地の人々の声を聴く」ことに置く。ハザードマップと危機対応マニュアルに血を通わせるのは，体験知に

裏打ちされた人々の「声」であり，不安や恐怖の中で指示待ちとなりがちな危機的状況下にあって蘇るのもまた，指針と勇気を与えてくれるそれらの「声」である。

　「被災地」や「被災民」とカテゴライズされる場所や人には，固有の名前や歴史があるように，「復興」にもまた，その場所や人の数だけ異なる歩みがあり，そこに遺された体験知がある。

　本書は，2014 年 1 月から 2016 年 1 月にかけて，金井が早稲田大学教育学部の共催を得て，教員，現役の大学院生および大学生と協働して実施したシリーズ「被災地の声を聴く」という講演会及びシンポジウム（計 13 回）を基盤にし，講演会シリーズの企画者である金井景子と大場黎亜のそれまでとその後の防災活動・教育の足跡を踏まえつつ，被災地と共に生きる人々の固有の語りを紹介することを通じて，災害の経験によりそれまでの暮らしを根本から捉え直して「生きる力」を再編成していく過程に立ち会う試みである。

　「防災」のための具体的な備えは，どこから始めても不正解はなく，そのために踏まえるべき情報や先人たちの知恵も，できる限り多いに越したことはない。たとえば，2021 年 9 月に刊行された雑誌「クロワッサン」特別編集の『増補改訂最新版　防災 BOOK』（マガジンハウス）では，「地震・水害・コロナウィルスに備える」として，徹底して女性の視点に立ち，サポートが必要な子どもや高齢者，犬猫の，避難の際の実践に焦点が当てられ，災害を想定した日常生活の工夫を数々提案していた。学問の領域では，松井一洋が「市民防災力」（『市民防災力—うち続く大災害にどう備えるか』2020，近代消防社）と呼ぶ防災の主体＝「防災市民」の育成が喫緊の課題とされているのは今さら言うまでもないが，その「市民」には一人一人名前があり，ジェンダーがあり，家族内や地域社会，職場でのポジションがある。先にあげた雑誌「クロワッサン」の中に想定されていたような生活感がある存在をイメージして，防災への想像力とスキルを育んでいきたい。防災マニュアルに登場する抽象的な「住民」を，共助の担い手としての生きた存在として想像し，それらの人々が連携して難局を乗り切っていけるように，被災地に行き，今も関わる人々の声を，お届けし

たいと考えている。

　そうした意味で，多くの声の花束のような風変わりな防災の書である本書に，
お付き合いいただきたいと思う。

　2023 年 2 月 14 日

金井　景子

目　　次

第1章

それぞれの災害に，それぞれの形を探る

この章では，本書の執筆動機となった東日本大震災後の経緯と，この10年間にわたって日本各地で繰り返された災害から，どのような問題意識を改めて持つに至ったかについて，スタートにあたってまとめておくこととした。

（金井景子）

1. ストリートから始まること

「センセイ，馬場までご一緒して良いですか？」

　大きな明るい声で，私を呼び止めてくれたのは，当時，大学院の修士に入学したばかりの大場黎亜さんであった。2013年4月の中旬に開催された，早稲田大学大学院教育学研究科国語教育専攻の懇親会が解散になって，馬場下の交差点を曲がろうとしたときのことである。

　大学院生たちも参加教員も，ほんの短いスピーチをする慣わしのある会で，私が，福島県の中通りに位置する岩瀬郡天栄村で農家さんのお米づくりや都市部での物販のお手伝い（結果的にはあの頃も今も，お手伝いされているのは私や都

会から出かけて行くメンバーのほうなのだが）をしていると話したことを耳に留めてくれたのだった。大場さんは，

　「私は南三陸町に，災害ボランティアへ通っているんです」

と前置きをして，高田馬場に到着するまでの25分ほどの間に，活動の様子を活き活きと語ってくれた。学部生の頃から，月・火・水・木は東京で日中は授業に出席し，授業がない早朝や夜は飲食店等でアルバイトをして，木曜深夜に東京を出る夜行バスに乗り金曜日の早朝に現地に入る。金・土・日は瓦礫撤去などの活動をして，また夜行バスで月曜日の朝に戻る——という生活を繰り返しているのだという。南三陸町ではボランティアが安く宿泊できる宿ができていないので，現地で知り合いになった地元の方のお宅にお世話になったり，ボランティアセンターの駐車場で車中泊することも度々あるということだった。

　話を聴いて，そうした生活を続けて身体を壊さないかまず心配になったが，兎にも角にも大場さんをそこまで惹きつけてやまない南三陸町の町やそこで暮らす人々の様子をどうしても一目見たくなり，その日までテレビや新聞で知っていただけの遠い場所だった南三陸町に出かけて行って，ボランティアをする約束をしていた。大場さんも，私が活動をしている天栄村に来て，農作業の手伝いをしてみたいとのことだった。

　高田馬場駅に到着するまでに，私は南三陸町を，そして大場さんは天栄村を，訪問しないではいられない気持ちになっていた。学生たちが通称「馬場歩き」と呼ぶ，大学から高田馬場駅に向かう早稲田通りは，あの夜，確かに南三陸町や天栄村につながっていたと思う。

2．揺らぎながら，能動的・主体的に行動する

　東日本大震災から2年目の春，東北の被災地はいずれも復興の途上にあったが，受けた被害の大きさや質によって，「がんばろう，東北！」の一言では括

り切れない遅速が生じていた。

　私が当時訪ねていた福島浜通りのいわき市には，避難区域12町村から大勢の人々が身を寄せて，住居や学校，仕事といった生活基盤を模索していた。やがて拠点を置くようになる中通りの天栄村では，放射能に汚染された田畑で作物への移行を限りなくゼロにする試みが農作業の負担を大きなものにしていたが，その結果，放射能物質が不検出であると検査結果が出た食品であっても，市場では「福島産」であることで忌避される事態に苦しんでいた。そこには「福島」の一言ではとうてい括り切れない多様な状況があった。

　他地域から来訪してボランティア活動に携わる人々も，瓦礫の撤去や損壊家屋の整理，衣食住に関わる必要物資の提供といった物理的な側面の支援が一段落を迎えたところで区切りをつける人もいれば，被災による心的外傷のケアに携わろうと，傾聴ボランティアや教育ボランティア，音楽やアートのワークショップを実践する人など，さまざまな動きがあった。関わりたい気持ちがありながらもなかなか動き出せずにいる人も多く，活動への問い合わせも頻繁に受けたことを記憶している。

　私は「放射能が稲に移行しない米作り」に取り組む農家さんたちを応援しようと，仕事の合間を縫って天栄村に足繁く通っていたが，交流が深まるにつれて，自身が稲作についてあまりにも無知であることや，「安心・安全な米作り」として，放射能被害の前に農家さんたちが取り組んでいた有機無農薬栽培が，農薬や化学肥料を使う慣行栽培とどう異なるのかについても知見がないことに気づいて，泥縄ながら必死で農業の勉強を始めていた。当時は都市部各地で毎週のように復興支援のマルシェやフェアが開催されていて，そこで米や野菜の物販の手伝いをすることも増えていたが，添加物に関心が深い消費者からは，その際に放射能被害の問題と同様に，有機無農薬の栽培法について問われることがあり，そうした知識の裏打ちがなければ責任を持って「安心・安全な米」を推奨することができないのだと実感するに至っていた。

　大場さんも南三陸町でのボランティア活動が漁業支援を一つの軸にするものだったこともあり，精力的に魚介や海藻のこと，津波で大半が流されてしまっ

た養殖の仕掛けといった，海の学びを重ねていた。なので，対話の中で農業や漁業の話題になると，そのことを教えてくれた現地の人たちの紹介も含めて，何時間でも話に花が咲いた。地域の支援も防災も，その場所の産業や人々の暮らしを学ぶことなしには進めることができないことに，それぞれのやり方で気づいていたのだと思う。

　都市で生まれ育ち，自然環境をフィールドとする第一次産業とは隔絶していた者にとって，災害によって農業あるいは漁業ができなくなることを理解するのは，実のところそんなに容易いことではない。なぜ，被災した人々がその場所にこだわって事業の再建をしようとするのかを理解するためには，そこでどのような営みがなされてきたのかについて，想像力を働かせなければならないし，その想像力の裏打ちとして必要な知識がある。

　私も大場さんも，どこかの組織に所属し，そこから派遣されて被災地に赴いていたのではなく，個人として通っていたので，行く日時も現地で過ごす日数も，誰から何を学ぶのかについても自由であった。大場さんは，南三陸町では社会福祉協議会の災害ボランティアセンター（ボラセン）を拠点として活動していたが，ボラセンが対象外としている個人的な支援に関しては，ボラセンで活動する以外の日程で協力したり，現地の小学生たちの部活を応援するなど，自身で南三陸町での活動をデザインして進めていた。私は直接，農家さんを中心とする村民と連携して「天栄村元気プロジェクト」を立ち上げ，話し合って活動を展開していたので，振り返れば自由度だけは高かった。

　ESD（持続可能な開発のための教育）推進の方法論を，社会教育及び福祉教育・ボランティア学習の観点から探求する松岡広路は，「持続可能な共生社会の創造に資するボランティア実践の意義と課題[1]」において，ボランティアを「揺らぎながらも能動的・主体的に行動するさま」と説明している。加えて近年の傾向として，契約や貨幣（数値）による冷徹な価値測定の手法が台頭し，専門職，場の責任者，あるいは，当事者性が高いとされている人々によって「現場」が管理されるようになり，「素人・門外漢・よそ者，周辺者の主体性」が押し殺されていると捉えている。

　また，東日本大震災（2011年）あるいは西日本豪雨災害（2018年）以後の傾向として，「専門家」と呼ばれる人々に素直に従うボランティアと「プロボノ」と呼ばれる専門職ボランティアが好まれるようになり，まちづくり・環境保全・社会福祉・国際協力の諸領域でも契約と専門主義を基本とする傾向が強まっているという。契約と専門職を重視することで，衝突や葛藤を回避する狙いがあるのだろうと指摘している。

　この興味深い指摘に照らして振り返ってみると，私も大場さんも，出会った2013年4月の時点では，天栄村と南三陸町それぞれの場所で，全くの「素人・門外漢・よそ者，周辺者」のボランティアであったことは間違いない。

　もし，仕事内容が，小・中学生の学習サポートをする教育ボランティアであったとしたら，教職免許を持つ大場さんや現役教員である私は，「プロボノ」と呼ばれる専門職ボランティアとして自分たちの知識やスキルを活かすことができたのかもしれないが，農業や漁業について時間の許す限り一から学ぶ必要性を感じることはなかっただろう。

　結果的に，「専門家」に従うボランティアでも，専門性を活かすプロボノでもなかったことは，自分の眼と耳，身体全体を駆使して現地を知り，想像力を働かせるために必要な知識を蓄えることにつながったと考えている。松岡広路の言う，ボランティアは「揺らぎながらも能動的・主体的に行動するさま」であるという定義に立ち返れば，「揺らぎながら」とは現地の人々の営みについて理解が届かないところ，想像力が働かないところを抱えていることの自覚と言い換えても良いし，「能動的・主体的に行動する」その主体性の根拠を，リーダーの指示やすでに獲得された専門知に置かないということもできるのではないか。

　東日本大震災が，災害ボランティア活動の新たな地平を切り開いた，という評価に立った野元弘幸は，「地域における防災教育の展開[2]」において，災害ボランティアが行政の下請けではなくなったこと，行政に代わって住民を支援する活動を展開した点や，行政を通して地域や住人とつながるのではなく，直接つながったことにより，行政サービスの支援が行き届かないところに多様な

支援活動を展開した点などを評価した。頷けるものであるが，災害現場においては，SNS で情報をいち早くキャッチしたボランティアが危険を顧みず被災地に赴いて活動を開始したり，殺到して被災地の受け入れ負担になるなど新たな問題点も出されている。ボランティアが二次災害に遭うことを回避するために，行政や NGO と連携して「安全で有効なボランティア活動を実現する仕組づくりや知恵の共有 3)」が勧められているのが現状である。

3．複雑化する災害

　2021 年 7 月 3 日，自宅で朝からリモートによる打ち合わせをしていた私は，終了直後についさっきまで一緒に仕事をしていた人から，「これ，金井さんの自宅の近くじゃないですか？」というメッセージと共にツイッターにリツイートされた映像が送られてきて，山を隔てた向こう側で大規模な土石流が発生したことを知った。伊豆山土石流災害である。スマホの動画は，恐ろしいスピードで土石流が人家を次々と飲み込んで流れ下る様子を生々しく伝えていた。最初はパニック映画の一コマを見ているようで現実味に乏しかったのだが，再生して見直すと，土石流にかろうじて耐えながらも，家の中を土砂が貫通している赤いビルが，馴染み深い「丸越酒店」であることに気づいた途端，恐怖が押し寄せた。同時に，画面右側の見切れているところに在る，家族全員をよく知る「魚久」も飲み込まれてしまったのかもしれないと思ったときの絶望感は，昨日のことのように思い出せる。幸い，Facebook にアップされた娘さんの安否確認の記事によって，「魚久」は土石流を道一本を隔てて避けることができて，店主をはじめ家族全員が無事だったことを知ることになったが，建物 136 棟が被害を受け，災害関連死 1 名を含む 27 人が死亡，1 人が未だ行方不明となる大惨事であった。

　当初は前夜から降り続いた豪雨による逢初川の氾濫による自然災害として報じられたのだが，近隣に暮らす者なら誰でも，あの小川のような逢初川と駆け下ったとんでもない量の土石流が結びつかないばかりか，テレビの取材映像に

映し出された逢初川の河口付近に堆積した土砂の中に，錆びついた廃車や産業廃棄物が存在しているのを見て，首を傾げていたのであるが，静岡県の緊急調査により，翌4日には知事がその原因を不法投棄された盛り土が豪雨により崩落したものであると指摘し一夜にして伊豆山土石流災害は天災から人災として認識されるようになったのである。

　藤岡達也は以下のように，災害を分類している[4]。まず，「自然災害」と「事故災害」に大別された後，「自然災害」には「地震災害・津波災害」「風水害」，火山災害」「雪害」がある。「事故災害」には「火事災害（火災）」と「原子力災害」がある。福島第一原子力発電所の放射能漏れの事故も，熱海伊豆山の土石流も，津波や豪雨といった自然現象が誘因となって事故災害が発生し，取り返しがつかない環境汚染や地域の一画と人命とが失われる結果を招いた。

　そのことを踏まえて，2014年8月と2018年7月の二度にわたって広島市で発生した豪雨による土砂被害に眼を転じると，いずれも広域にわたる無理な宅地造成が被害を甚大化したことが分かる。

　線状降水帯による局所的なゲリラ豪雨の発生や，台風被害の拡大には，地球温暖化による気候変動が関わっていることが指摘され，その温暖化にCO_2の排出が関わっていることを勘案すれば，自然現象としての地震や津波とは異なる人災として捉える側面も必要になってくるだろう。

　ショウ・ラジブ，ファウド・マリック，竹内裕希子の「防災に関する高等教育の必須要素——展望と課題[5]」には，環境と災害の関連性に関する事例報告として，アジアの山間部や河川の流域，乾燥地帯，海岸部に暮らす災害弱者が，増加傾向にある水文気象関連のサイクロンやゲリラ豪雨，突発的洪水に悩まされると共に，干ばつや水需給が逼迫するという両極端の危機にさらされ，そこへ管理しきれないほどの移民の流入がある状況が紹介されている。災害の要因は気候の変動のみならず，貧困や面積当たりの人口分布とも複雑に相関し合って災害弱者を再生産しているのである。

　東日本大震災からこの約10年余りの間に，こうした天災と人災とが複雑に絡み合った災害は世界規模で増加しており，災害教育がますます学際的な知を

必要としていること，その場合にも，現地に在住している人々の観察や体感を聴き取り，シェアしていくことが，原因の特定が困難な天災と人災とがハイブリッドに融合している災害の理解にも欠かせないものであろう。

　それはまた，防災のための堤防やダムの作り方，災害発生前の避難勧告の出し方，造成など開発に関わる法制度の見直しや規制の強化・緩和など，国や地方自治体といった行政の判断に対して関心を持ち，必要に応じて正すこととともセットになっている。水俣病事件における国・熊本県・水俣市の当該企業であるチッソ寄りの在り方や，今般の熱海伊豆山土石流災害における静岡県と熱海市との監督責任をめぐる押し付け合いは，司法の場で裁かれるべきものであると同時に，地球環境を保全する当事者である私たち一人一人が注視して，声をあげていくべきものである。

（金井景子）

【注】

1）　松岡広路「持続可能な共生社会の創造に資するボランティア実践の意義と課題」岡本榮一監修，ボランティアセンター支援機構おおさか編（2019）『ボランティア・市民活動実践論』ミネルヴァ書房，153頁

2）　野元弘幸「地域における防災教育の展開」野元弘幸（2018）『社会教育における防災教育の展開』大学教育出版，27－28頁

3）　内閣府政策統括官（防災担当）「4　防災ボランティア活動の環境整備」（『内閣府防災情報のページ』（https://www.bousai.go.jp/kaigirep/hakusho/h22/bousai 2010/html/honbun/2b_3s_4_01.htm）（2022.10.15閲覧）参照。

4）　藤岡達也「災害とは何か，恵みとともに考える」藤岡達也（2021）『SDGsと防災教育』大修館書店，55頁

5）　ショウ・ラジブ，ファウド・マリック，竹内裕希子「防災に関する高等教育の必須要素——展望と課題」ショウ・ラジブ，塩飽孝一，竹内裕希子編著（2013）『防災教育——学校・家庭・地域をつなぐ世界の事例』明石書店，105－106頁

第2章

シリーズ「被災地の声を聴く」の歩み

　これから紹介する，講演会シリーズ「被災地の声を聴く」は，主に金井・大場を中心に企画し，金井研究室の学生やスタッフたちにも支えてもらいながら，早稲田大学教育学部主催として実施してきた。金井・大場が東日本大震災後にそれぞれに活動していた福島や宮城での歩みと，震災前からの取り組み，ご縁からの学びをつなぐ一つの試みでもある。

　この，シリーズ「被災地の声を聴く」は，今回『声の聴こえる防災教育』とタイトルを付けるにあたり，そこに行き着く核となった取り組みと言っても過言ではない。約2年間にわたり，計13回の企画を実施してきた。その「声」を聴いた経験は，私たちだけではなく，出席いただいた多くの学生や社会人にとっても，被災地への想像力やその後起きる災害への意識，そしてものの見方や価値観，生き方にも影響を与えてくれるものであった。

　本章では，この取り組みを中心としつつ，2011年以降に金井・大場の"してきたこと"年表，シリーズ｜被災地の声を聴く」の概要，そして，当時それを支えてくれた仲間たちからの寄稿文をご紹介する。最後に，この企画を終えて6年以上経った今の私たちが，この企画を振り返り語り合った記録を添えさせていただきたい。

（大場黎亜）

1．2011年以降の“してきたこと”年表

　東日本人震災発生からの，金井・人場の主な活動の歩みを年表に整理した。

　金井は特に，震災前からの活動として熊本県水俣市とのつながりがある。文学やフェミニズムの研究をしながら朗読についても修行を重ねてきたが，石牟礼道子『苦海浄土』をきっかけに，テキストの中だけではなく，実際の「声」を聞いてみたいという気持ちが強くなった。40代から水俣市へ出かけて行き，水俣病を通じて苦しんできた方々や支援してきた方々との交流を重ねていった。約15年近くその活動を続け，いよいよ水俣で自分が聞いてきた声を次世代に向けて手渡せる形にしようと思っていた矢先，東日本大震災が発生したのである。金井の活動年表は，主にご縁のつながった福島県内にて「この水俣での経験を踏まえてできることは何か」を常に自問自答しながら挑戦してきた取り組みである。

　大場は，東日本大震災発生時，早稲田大学教育学部国語国文学科に通う学部生であった。震災発生直後は，大学も休校が続き，安全性の分からない原発問題で周りの社会人もパニックだったため，ボランティア活動などをしようとは全く思っていなかった。しかし，教員免許取得のために受講していた教職科目の中で，その授業を担当していた教授による「メディアの情報だけで分かった気になって自分の言葉で伝えられないような教員になるな」という趣旨の言葉を受け，何ができるか分からなくても被災地へ行こうと一歩を踏み出すこととなった。当初は主に宮城県・岩手県への単独ボランティア活動へ参加したが，その中でも宮城県南三陸町での活動を主とするようになり，その経験を踏まえた上での全国各地へのボランティア活動へと広がっていった。

　同じ早稲田大学教育学部国語国文学科に属する金井と大場だったが，しばらくは接点を持たず各々の活動に奮闘していた。2人での活動は，第1章で紹介したように，大場が同大学院へ進学した際の新入生交流会後の「ストリート」から始まったのだ。それぞれの活動について共有するようになり，以降個々の

活動を続けつつも，お互いの活動拠点を行き来する機会や共同企画の機会が増えていった。シリーズ「被災地の声を聴く」も，その中の一つである。

　以下の表は，一つ一つは小さな一歩に過ぎないが，約10年の歩みが織りなした私たちの物語から「ボランティア」「復興」「町おこし」「教育」「できること」「防災」とは何か，などについて考えるヒントにつながれば幸いである。

表2-1　2011年以降の"してきたこと"年表

〈表の見方　※███：金井の歩み，███：大場の歩み，███：2人が共有する歩み〉

時期	金井	大場
～2011	水俣市に通い，交流を重ねながら研究を進める。	2009年早稲田大学教育学部国語国文学科入学。
2011.3	14：46　東日本大震災発生	
2011.8	山形県で開催された「キッズアートキャンプ山形2011」[1] へ学習支援ボランティアとして初めてボランティアに参加。	
2011.9	教職科目で出会った米村健司教授[2] のことばを受け，自分の目で被災地を見なければと思うようになる。	
2011.12～2012.1	旅行会社が運営するボランティアバスツアーを利用し，宮城（南三陸町，気仙沼市）と岩手（陸前高田市）へそれぞれ初めての災害ボランティア活動に参加。	
2012.2	親友の宮下容子氏が吉成邦市氏の講演会「福島の復興支援──顔の見える米作り」に参加。「天栄米栽培研究会」会長の岡部政行氏と天栄村の「放射能ゼロを目指す米作り」を知り，岡部氏の有機無農薬米の定期購入を開始。	
2012.3	宮下が金井に岡部農園の米を勧め，金井も購入し食べ始める。	南三陸町行きの「第1回学生ボランティアツアー」[3] を開催。
2012.4～	南三陸町災害ボランティアセンター（以降「南三陸VC」）の猪又隆弘センター長や長期ボランティアに覚えられるようになり，以降，月1回のペースで通う。また，そこで知り合った社会人に誘われ，有志によるチーム「南三陸町復興支援団」として，チャリティーや物販などを行う復興支援イベントに定期的に参加するようになる。	
2012.6	岡部氏より岡部農園の草取りに誘われ初参加。有機無農薬で作物を栽培することの過酷さと面白さに	南三陸町行きの「第2回学生ボランティアツアー」を開催。南三陸VCのリーダーの仲間入りをし，以

	目覚める。	降，基本的には毎週末のペースで通うようになる。 ＊ 榛葉健（しばたけし）監督のドキュメンタリー映画『うたごころ』[4] に出会い，東京上映会を開くことを決意。
2012.9	南三陸町行きの「第3回学生ボランティアツアー」を開催。 ＊ 「ドキュメンタリー映画『うたごころ』から考える"生きる希望"プロジェクト in 日比谷」主催。『うたごころ』の東京初上映会を日比谷日本外国特派員協会にて主催し，上映のほか，榛葉健監督とのトークライブ出演，南三陸産わかめ・グッズ等の物販も実施。	
2012.10	岡部農園の稲刈りに参加。稲刈り翌日に，岡部氏に天栄村の湯本地区に案内してもらい，耕作放棄地区を再生する夢の話を聴く。	佐賀県有田工業高等学校と合同でトークイベント[5] を企画。大場が講演，高校生たちが運営し，南三陸産のわかめ・グッズ販売も実施。
2012.11	水俣病センター相思社職員・遠藤邦夫氏が，同センターの維持会員である金井に水俣の経験を福島に活かす活動の構想を話す。後日遠藤氏が横浜を訪れた際，宮下と共に天栄米栽培会の取り組みを紹介し，同会の事務局長である吉成邦市氏の講演会を水俣市で開催する案を提案する。	
2012.12	遠藤氏が天栄村の吉成氏を訪問し，後日遠藤氏より，水俣病センター相思社主催で，吉成氏の講演会とドキュメンタリー映画『米の放射能汚染ゼロへの挑戦──2011年福島県天栄村の挑戦』[6] の水俣上映開催決定の報告がある。	南三陸町行きの「第4回学生ボランティアツアー」を開催。 ＊ 南三陸町を通じて交流が生まれた慶應義塾大学「南三陸プロジェクト」[7] 主催の報告会「伝えよう，学生たちにできること」にゲスト出演し，講演。
2013.2	水俣病センター相思社主催で吉成氏の講演会が開催され，金井は手伝いのために水俣市入りする。参加者に天栄米の塩むすびが振る舞われる。	南三陸町行きの「第5回学生ボランティアツアー」を開催。 ＊ 支援にもつながり，同世代の輪を広げる試みとして，南三陸町の食材を購入し，学生30名程を集めた

		ホームパーティー形式のイベント を開催。
2013.3	大場が早稲田大学教育学部国語国文学科卒業。大場の活動を知ってい た，卒業パーティーの幹事を務めていた同期から東北の商品を先生方 への御礼にと相談され，南三陸町の高橋直哉氏のわかめセットを選ぶ。 結果，金井はそれを受け取るうちの一人となる。	
2013.4	大場が早稲田大学大学院教育学研究科国文学専修へ進学。卒業時に教 授への御礼で贈った南三陸町産わかめをきっかけに，学部時代面識の なかった金井と新入生懇親会の場で初めて会話をする。金井が大場の 通う南三陸町へ行くこと，大場が金井の通う天栄村と水俣市に行くこ とを約束。以降，その約束を果たし，互いに数回ずつ訪れる。	
	ドキュメンタリー映画『天に栄える村』[8] のプレス試写会に出席。以 降，全国で展開された上映会活動に協力する。	
2013.5	岡部農園の田植えに金井，宮下共に参加。以降，この年の稲刈りから， 金井は自主的に都市部からの参加者を募り，田植え・草取り・稲刈り といった農事のイベントを運営するようになる。	
2013.7	金井，水俣市の遠藤氏らと共に 「水俣と福島をむすぶゆんたく」[9] を結成。	『うたごころ』続編の上映会とし て「ドキュメンタリー映画『うた ごころ』2012年版上映会in日比 谷」主催[10]。
2013.9	南三陸町でのボランティア活動を通じて知り合った社会人のボラン ティア仲間と共に企画運営する「酒とれいあと○○と」シリーズ[11] 企 画をスタート。	
2013.11	天栄村内の米・食味コンテストの審査員を務める。 ＊ 早稲田大学ジェンダー研究所主催「支え合う力とジェンダー 2年目 の福島からの声」の司会を勤める。懇親会において福島から寄せられ た食材を用いた料理を味わい，福島の食についての「安心・安全」に ついて，改めて考え続ける気持ちを持つ。 ＊ 「天栄村元気プロジェクト」を構想し，これまで天栄村に関心を寄せ てくれていたメンバーに声をかけ，プロジェクトを発足。「稲作暦」 で生きてみる提案をする。	
2014.1	「天栄村元気プロジェクト」[12] を発足。天栄村で開催される農事体験ツ アーの企画・運営のほか，都市部の復興支援催事での天栄米を含む天 栄村の特産物の販売サポートなどを，社会人や学生のボランティアを	

	募って実施し，今日に至る。また，同プロジェクトのメンバーで，大山商店街で開催された天栄村物産展の販売手伝い，消費者からの多様な反応を体感する。	
	シリーズ「被災地の声を聴く」の第0回となる澤井氏の講演会を企画開催。	
2014.3	横浜市で開催された復興支援イベント「わすれない3.11～応援しよう都筑から」に参加。岡部氏，吉成氏の講演を聞く。このとき，金井は主催者の図子俊子氏と意気投合し，2015年から2019年3月の最終回まで「天栄村元気プロジェクト」のメンバーや学生たちと設営・販売のボランティアを続ける。 ＊ 天栄村役場で放射能検知器の実地計測の取材と種籾を冷やすところなどを取材。岡部氏と共に，湯本地区の写真家で地域おこしの若手リーダーである星昇氏を訪ね，お話を聴く。帰途，湯本の耕作放棄地で「ここの風景を再生させたい」という岡部氏の夢を聴く。	「ドキュメンタリー映画『うたごころ』2012年版川越上映会」講演。大場が東京で行ってきた上映会のように，川越支部の方々が企画されたイベントにゲストとして参加。震災から3年経った今，どのような支援ができるかについて自分なりの考えを投げかけ，一緒に考えてもらう機会となる。 ＊ 2013年の夏から，経験値を積もうとアルバイト的に関わっていた官民連携のまちづくりに関するコンサルティング業務[13]に，4月から修士2年と並行して契約社員として働く決意をする。以降，全国各地出張しながらも週末は南三陸町へ通い，修士論文を書くという1年間を送る。
2014.4	金井，撮影担当の佐藤申之介と共に，天栄村役場・岡部農園を中心に種まき，ゼオライト散布の取材をする。この年，1年を通じて米作りを取材し，天栄米の宣伝販売用のビデオコンテンツを作成する。 ＊ 雁屋哲原作「美味しんぼ」の第604話「福島の真実その22」が掲載された。金井はちょうど同日，天栄村に滞在していて，同漫画に対する村人の怒りや悲しみの反応に接し，学ぶほどに混迷を極める放射能の健康被害の問題について学び続ける必要性を痛感。 ＊ 金井，農事イベントを本格的に主宰するに際して，放射能と食品に関する知識を深めるために，名古屋の「未来につなげる・東海ネット市民放射能測定センター」（通称・Cラボ）の大沼淳一氏を訪ね，「安全は相対的なもの，安心は思い込みにすぎない」という言葉を授けられる。	

2014.6	早稲田大学教育学部が主催する講演会シリーズ「被災地の声を聴く」をスタートさせる。以後，2014年度に 6 回，2015年度に 7 回（最終回はシンポジウム）の計13回開催。
	福島大学で実施された第49回環境社会学会大会「ポスト3.11の環境社会学・原子力災害からの復興を考える」において，金井は「水俣と福島を結ぶゆんたく」グループの仲間と「ともに悶え生きる「支援」～水俣と福島をむすぶ～」を企画し，問題提起として「天栄村元気プロジェクト」の活動を自作のビデオを交えながら紹介。
2014.8	南三陸町長から「南三陸町復興応援大使」に任命される。 ＊ 広島土砂災害発生。5 日後にボランティア仲間と共に現地に入る。がれき撤去作業以前の土砂の撤去とボランティア受け入れ体制の構築，行方不明者捜索活動が主だった。以降，数ヶ月に 1 回のペースで約 1 年間通う。
2015.3	水俣市にて『天に栄える村』の上映会を開催。金井がコーディネートを務め，岡部氏・吉成氏と共に水俣市へ。大場も参加した。
	災害復旧活動としての南三陸町災害ボランティアセンターの事実上の閉鎖。以降「南三陸町ボランティアセンター」としてしばらく農業支援や漁業支援などのお手伝い募集は続いたため，そのお手伝いかイベント支援に入るため，引き続き毎週末通い続ける。 ＊ 早稲田大学大学院教育学研究科国語教育専攻修了。
2015.4	契約社員として働いていた会社で正社員となり，相変わらず週末や休みを取った日は主に南三陸町へ通いつつもまちづくりに関する仕事に励む。
2015.5	金井が「早稲田の連中，天栄村に出会う」と題した田植え体験ツアーを開催。この農事体験ツアーから，学生たちの参加が本格化する。以降，参加ごとに，文集を作成。大場も当日都内からの移動の引率やツアーのしおり作成などを手伝う。
2015.6	立教大学にて「わたしのために，行く～2011年から2015年の「わたし」を振り返って～」というタイトルで授業内に講演し，同世代の学生たちとボランティアについて考える。シリーズ「被災地の声を聴く」についても宣伝。
2015.9	「天栄米収穫前夜祭 第一回天栄米寄席」[14]を開催。このとき，会場となった「天栄村ぶんかの森」のロビースペースにおいて「みどり幼児園と天栄米栽培研究会の交流」の写真展が同時開催されたことがきっ

	かけとなり，みどり幼児園の園長・斎藤弥生氏との交流が深まる[15]。
	天栄村のメンバーと都市のメンバーとで南三陸町を訪れる「大人の修学旅行」を企画。現地コーディネートを大場が担当し，南三陸町民と天栄村民の交流が始まる。
2016.2	天栄村清水農園の清水栄一氏が「天栄村元気プロジェクト」のために天栄村下松本地区の田んぼを貸し付けてくれる。「これからの田んぼ」と名付ける。以降，農家さんたちの協力を得ながらここで有機無農薬のコシヒカリを作り今日に至る。
2016.3	天栄村大里地区に家を借り，活動拠点として使い始める。
2016.5	4月に発生した熊本地震の現場へ災害ボランティアに入る。初日は社会福祉協議会運営のボランティアセンターで活動したが，翌日から知人の紹介で民間運営のボランティアセンターでの活動へ変更。以降，数ヶ月に1回のペースで約1年間通う。
2017.1	明治学院大学附属高等学校の国語科の授業の一環として「想像力のある社会」と題した講演をする。あえて本の見出しのようなレジュメ1枚のみ配布し，聞きながら想像して自分たちなりに文章にまとめるという試みであり，翌年も同じ取り組みを実施。
2017.3	仕事で通っていた高知県須崎市にて，学校での防災教育に関する事業[16]に携わるようになる。以降，市内の中高へ足を運ぶようになり，今日に至る。
2017.5	大場の母校である桐蔭学園中学校・高等学校にて，東北への教育旅行前の防災学習として講演をするようになる。以降，3年間続く。
2017.6	神田外語大学で開催された「サイエンスカフェ」において，飯島明子氏（同大学環境生物学担当教員）の招きにより，天栄米や野菜を販売し始める。2018年までの2年間で，金井が講演＆お米食べ比べワークショップを計6回実施。この頃より，天栄米や野菜を使った料理を提供する飲食店を都市部で開く構想を持ち始める。 結婚し南三陸町民となる。1年前から結婚を考えていたものの，南三陸町に通って数年間，町民になるということは想定していなかったため，ボランティアから町民になるということに不安を抱いていたが，結婚を機にその経験やジェンダーの問題を在学時以上に考えるようになる。この経験が現在の活動にも活きるようになる。
2018.4	お米を中心に研究や教育をする農家グループ「天栄村ファームコンソーシアム」を設立。「天栄米栽培研究会」が管理していた再生水田を引き継ぎ「再生水田守り人の会」をスタートさせる。この年から，

	天栄村大里地区に新たに「ゆりかごの田んぼ」を借り，有機無農薬の「亀の尾」を耕作。	
2018.7	西日本豪雨災害発生。岡山から頻繁に南三陸町に支援に来ていた方々とのご縁があり，笠岡市へ災害ボランティアに入る。主な活動は，床上浸水してしまった家屋の家具や畳の搬出，床下洗浄等。以降，南三陸町の関係者と共に数回応援に訪れる。	
2018.8	米・食味鑑定士（米・食味鑑定士協会）となる。	
2018.12	金井の持つ「ジェンダー・スタディーズⅡ〜文学を視座として〜」の授業で「まちづくりとジェンダー」をテーマに大場がゲストとして講演。以降，毎年同じテーマで中身を進化させながら実施。ほかにも「災害リテラシー」「震災後を考える」等の授業で金井・大場での防災教育に関する授業を模索・実践しながら今日に至る。	
2019.4	金井と飯島氏で「天栄村里の宝・岡の宝プロジェクト」を開始。以降「天栄村ファームコンソーシアム」の「再生水田守り人の会」の事業として天栄村大里地区の「再生水田」の動植物の生物調査を実施[17]。	大学院時代から勤めたコンサルティング会社を退職し，仕事で一緒に活動することのあった花井裕一郎（はないゆういちろう）氏と共に株式会社 Plot-d を設立。まちづくり・教育を絡めながらも防災教育やファシリテーション業務も手掛けるようになる。
2019.10	台風19号の到来により，天栄村の再生水田が甚大な被害を受ける。田んぼ脇の川の氾濫と近接する山の土砂崩れ，山間部であるため田んぼに向かう道が寸断されて通行が不能となり，刈り取り寸前だった3反分の稲を諦めざるを得なくなる。	台風19号により，知人が千葉県富津市の災害ボランティアセンターの運営に関わっていると聞きボランティアへ。倒木の被害が多く，チェーンソーや重機を使える人と使えない人でニーズが分かれる。使えないほうだった自分は無力さを痛感する。
2020.4	新型コロナウイルス感染症拡大の影響を受けて，金井は大学でのリモート授業が増え，大場は仕事のキャンセルが続くようになる。	
2020.9	リモートシンポジウム「田んぼと，わたしと，それからコロナ。――ゆるっと，語ろう――」[18]を開催。	
2021.2	コロナ禍で出張も減りできることを見失っていたところ，知人の紹介を受け，南三陸町で開催された林業就業支援講習を受講。森づくりの奥深さと面白さに目覚める。	

2021.3	リモート朗読会&読書会イベント「何度でも知ろう3.11のこと」[19] を開催。山本おさむ『今日もいい天気』の「原発事故編」「原発訴訟編」「コタととうちゃん編」の朗読会をと原作者である山本氏を迎えたインタビューを行う。	コロナ禍でオンラインツアーを手掛けていた元CAの友人と共に「南三陸オンラインツアー」を開催。以降，月1回ペースで企画を続ける。
2021.4	コロナ禍でできていなかった天栄村での農事を，種まきから再開。この年はその後の田植え・草取り・稲刈りについてもこれまでのように一般参加を呼びかけることはせず，金井とごく一部のメンバーのみ，農作業に入る。夜に村入りし，明け方作業をしてそのまま帰宅することが続く。	
2021.5	新たに南三陸町で開催された，東北3県林業塾に参加。10月末まで月5日程度の研修に参加し続ける。	
2021.9	ベンチャー企業と連携し，STEAM教育の一環で福島県矢祭町の防災授業プログラムを企画する。	
2021.12	新宿区鶴巻町に「ごはん屋たまり」を開店する準備を開始する。	10月に終えた東北3県林業塾の仲間たちと，実践できるフィールドが欲しいと考え始める。
2022.1	成城高校の教育旅行前の震災学習の一環として「東日本大震災と南三陸町の10年」と題して講演。	
2022.3	年末に考え始めたところから急ピッチで構想を固め，一般社団法人東北GYROs（ジャイロス）を設立。「もりづくり」を通して「ひとづくり」を大事にし，輪を広げていくことで「まちづくり」に寄与することを理念に掲げた団体で，大場が代表理事を務める。	
2022.12	「ごはん屋たまり」開店。	

（金井年表：金井景子，大場年表・2人が共有する歩み：大場黎亜）

〈年表に関する写真資料〉

写真2-1
2011年3月～2015年3月
まで，徐々にバージョン
アップを重ねながらも続い
た，南三陸町災害ボラン
ティアセンターの外観。

写真2-2
2012年10月，大場が佐賀
県有田工業高等学校の高校
生たちと共に企画したトー
クイベントの終了後の集合
写真の様子。

写真2-3
2014年3月，金井が南三
陸町を2度目に訪れた際，
シリーズ「被災地の声を聴
く」第1回ゲストの佐藤長
治さんのわかめ芯抜き作業
のお手伝いの様子。

写真2−4
2014年8月，大場が広島
県の土砂災害現場を訪れた
際の様子。低地部が日常で，
山間部が非日常なのが東北
と逆だった。

写真2−5
2015年3月，岡部氏・吉
成氏と共に金井・大場も水
俣へ行き『天に栄える村』
の上映会の様子。吉成氏が
説明をしている。

写真2−6
2015年9月，「大人の修学
旅行」と題し，天栄村と南
三陸町の関係者の交流合宿
を開催したときの様子。

写真2−7
2016年5月，大場は熊本県内へボランティア入り。その際に民間のボランティア団体と活動している様子。

写真2−8
2016年6月，金井・大場共に参加した「天栄村元気プロジェクト」の田植えツアーの様子。学生も多く参加してくれた。

写真2−9
2017年1月，イベントに取り組んでいる大場の様子。2011年4月から毎月続いた「福興市」は，2022年5月に第100回を迎えた。

写真 2 − 10
2017 年 9 月，まだ南三陸
町は復旧工事の最中だっ
た。嵩上げ工事の様子。

写真 2 − 11
2018 年 7 月，大場が岡山
県内へ災害ボランティアに
入り，床下洗浄等の活動を
している様子。

写真 2 − 12
2019 年 12 月，金井の授業
内で「まちづくりとジェン
ダー」というテーマで大場
が話している様子。

写真 2 − 13

2020 年 9 月，コロナ禍で模索しながらも「それでも繋がろう！」とリモート企画をした際のサムネイル画像。

写真 2 − 14

2020 年 11 月，リモートシンポジウムを機に秋の収穫祭をリモートで実施した際のサムネイル画像。

写真 2 − 15

2021 年 3 月，震災から 10 年を迎える日に，リモート朗読会・読書会として改めて震災のことを考える企画をした際のサムネイル画像。

2. 講演会シリーズ「被災地の声を聴く」解説

（1）趣旨

シリーズ「被災地の声を聴く」は，企画者の早稲田大学教員の金井景子と平成26年度修了生の大場黎亜が，これらの経験を無駄にせず，「失われた命と共に今を生きる」ために，そして「これからの未来を自分たちの手で創る」ことを企図し，早稲田大学教育学部主催として実施してきた講演会である。被災地に生きる方々からの声を真摯に受け止め，

写真 2 － 16　SNS 発信用画像

そして語り継いでいく意識を持ってもらいたいと考え，スタートした。ともすれば震災の記憶が風化していく日々の中で，大学の一隅に，問題意識の灯火を掲げていこうと試みたのである。

大学の長期休暇やその他都合も考慮しながら，約1〜2カ月に1回のペースでゲストをお招きし，講演会を開いた。開始時から次のように案内（チラシ，SNS 等にて）をしていた。

記憶にまだ新しい 2011 年 3 月 11 日に発生した東日本大震災。未曾有の震災から，奮闘しながらも懸命に生きている皆さんが口にするのは，「この震災の犠牲を無駄にしてほしくない」ということ。震災によって，あるいは人災によって，日本はこれまでにもさまざまな反省があり，教訓を生んでいるはずです。それを無駄にしないで，今を生きるために，これからの未来を守るために，今一度，被災地に生きる方々からの声を真摯に受け止め，そして語り継いでいきませんか。この企画は，これまでの教訓を無駄にせず自分たちが生きていくために，そして次世代へときちんと伝えて

いくために，早稲田大学教育学研究科金井研究室と有志たちが共同になって続けていくシリーズです。

　講演者の方々の選定に関しては，金井・大場の両名が東日本大震災の被災地やその他災害や公害の爪痕と闘っている地域で，直接出会い大きな刺激をいただいた方々に限定した。講演者に対する謝礼は，金井が早稲田大学に申請し支給されていたが，運営自体は，上記のような志を共有する教員・学生・社会人によって推進されていったため，ここでの出会いが契機となり，企画と並行しながら，被災地の実地踏査や農業体験，大学を離れてのイベント支援などの輪も，拡大していったことは間違いない。

　大学という場が，これまで以上に社会に対して開かれ，有意義な論議と出会いの拠点となることを目指し企画してきたが，全13回を通じて，それがカタチになっていった取り組みだったと言えよう。

（2）講演者一覧

　結果として平成26年度・27年度の2年間で，シンポジウムを含め全13回企画したが，そのうちの初回については，平成25年度のうちにシリーズ化する前の皮切りとして企画した第0回である。この第0回も含めシリーズ「被災地の声を聴く」の歩みとして紹介する。

実施日	テーマ	ゲスト	職　種	地　域
第0回 （H26.1.23）	「学校が避難所になった日々〜福島の経験を語ろう〜」	澤井史郎さん	中学校校長	福島県 いわき市
第1回 （H26.6.4）	「海と共に生きる〜震災を経た海は今〜」	佐藤長治さん	漁師	宮城県 南三陸町
第2回 （H26.7.2）	「南相馬，三年を経て〜一つの家族の物語〜」	高村美春さん	語り部	福島県 南相馬市
第3回 （H26.10.10）	「震災後の子ども達〜地元親父は何を思う〜」	楠原貴洋さん	自営業	宮城県 南三陸町

実施日	テーマ	ゲスト	職　種	地　域
第4回 (H26.11.14)	「放射能ゼロ，食味世界一の米を作る〜四年目の収穫期を終えて〜」	岡部政行さん	農家	福島県 天栄村
第5回 (H26.12.12)	「いちばん若い案内人は，水俣の何を伝えるか〜40年目の相思社職員〜」	木下裕章さん	一般財団法人職員	熊本県 水俣市
第6回 (H27.2.1)	「"福島"はいま〜あの日から，そして明日へ〜」	和合亮一さん	高校教諭詩人	福島県 福島市
第7回 (H27.5.15)	「嫌いだった街も，大人も，今では大好きになりました〜高校生語り部が届けた，ふるさとの魅力と，あの日のこと〜」	田畑祐梨さん	大学生	宮城県 南三陸町
第8回 (H27.7.2)	「動物たちが教えてくれたこと〜映画『犬と猫と人間と2 動物たちの大震災』を撮って〜」	宍戸大裕さん	映画監督	宮城県 福島県 各所
第9回 (H27.8.7)	「高校生たちは何を伝えようとしたか〜福島県立相馬高校放送局の4年間〜」	渡部義弘さん／放送局のOG	高校教諭／大学生	福島県 相馬市
第10回 (H27.11.20)	「地元に帰ったら，津波が来た〜町に生きることを決めた出戻り者の想い〜」	後藤伸太郎さん	町議会議員	宮城県 南三陸町
第11回 (H27.12.18)	「水俣のいま，そしてこれからを語る」	谷由布さん	NPO法人職員	熊本県 水俣市
シンポジウム (H28.1.23)	「"声"を聴く〜顔の見える防災教育とは〜」	猪又隆弘さん	社会福祉協議会	宮城県 南三陸町
全13回（シリーズ化前の第0回と最終回のシンポジウム含む）開催				

講演会

学校が避難所になった日々
ー福島の経験を語ろうー

澤井史郎（いわき市立勿来第二中学校校長）

日時：2014年1月23日（木）18：00〜19：30
場所：早稲田大学本部キャンパス16号館501教室

震災、そして原発事故が起こった福島で、学校に多くの方々が避難をされました。今回、お話しいただくのは、いわき市の中学校で、先生方や地域の方々と協力し、避難所を運営された校長先生です。澤井先生の語りに、耳を澄ませると、そこにどんな風景が見えてくるか・・・確かめに来てください。

お待ちしています！

澤井史郎先生からのメッセージ

いつも子どもに寄り添う教師でありたいと思います。
もし教師がチャレンジすることを忘れたら、
子どもたちはどこから
学ぶことができなくなるからです。
常にチャレンジし続けたい。

一般来聴歓迎、入場無料です

◀第０回である初回の企画チラシ

▼ SNS 発信の際の背景画像にした水俣の海

（3）シンポジウム概要

日時	2016 年 1 月 23 日（土）　14：00 〜 16：30（開場 13：30）		
会場	早稲田大学早稲田キャンパス　16 号館 401 教室		
プログラム	14：00 〜 14：15	開会の挨拶・活動紹介（金井景子／大場黎亜／本橋理沙／八木澤宗弘）	
	14：15 〜 14：20	学生による活動紹介（土屋遥一朗／小須田真輝／湯本啓太／南壮一郎／高橋絢菜）	
	14：20 〜 15：45	猪又隆弘さんによるご講演	
	15：45 〜 16：15	来場者の皆さんと猪又さんとの意見交換	
	16：15 〜 16：20	閉会の挨拶・特別企画	
【朗読劇】戯曲『星空，その下で』後藤伸太郎 ハルト役：土屋遥一朗　ユウキ役：湯本啓太 【歌】平原綾香『JUPITER』合唱			

（4）各回の回想

　各回での講演者の語りの一部と，各回の案内時または終了後に金井・大場が記録していた内容を一部紹介する。

第0回　澤井史郎さん
「学校が避難所になった日々～福島の経験を語ろう～」

記録抜粋	（金井）澤井校長先生のお話が胸を打つものであったと同時に，会場に詰めかけてくれた聴衆の方々が，頷いたり，笑ったり，考え込んだりしていた様子を思い出します。4年目だからこそ考えられることもたくさんあると思います。 （大場）現役学生やOB・OG，一般の方々それぞれが，教育を志す者としてであったり，震災に備えたいという意識を持つものであったり，一日本人として心得たいという思いであったり……というそれぞれの立場で色々なことを感じ，学びました。澤井先生はとっても明るくユニークな方で，参加者の空気を鷲掴みにする魅力的な方でした。実際，澤井先生の避難所運営はとてもユニークで，生徒たちも巻き込んで，一人一人にきちんと役割を与え，皆で乗り越えていった様子がよく分かるご講演でした。学校が避難所になる可能性は極めて高いです。震災が多発している近年では，各教育関係者がその意識を高く持って，日々災害と向き合わなくてはいけないと感じました。
語り抜粋	「避難所を運営するものだと思っていたので，先生方に聞いたんですよ。あの，運営しますか，しませんかって。するんだったら最後まで命がけですよ。どうしますかって。そうしたら先生たちは，やろうって言ったんです。なのでその日のうちに，9時に会議をして10時に担当が決まったんですよ。決めたのは医療班。つまり健康管理班。あとは車誘導班。あと運搬班。それだけしか作らなかったですよ」

第1回　佐藤長治さん
「海と共に生きる〜震災を経た海は今〜」

記録抜粋	（大場）震災を経た海の話，南三陸の美味しいものの話，漁師の生活の話，仮設暮らしの話……色々なお話をしてくださいました。とても貴重な，そして，聴いている私たちがはっとさせられるようなお話でした。アットホームな雰囲気で，皆が考えを投げ合う素敵な会になりました。質問タイムでも，その後の懇親会でも，しっかりと自分の意見を漁師さんに投げかけていて，漁師さんも丁寧に答えてくださいました。これまで震災後直接何かをしたことがなかった学生も，初めて被災された方を目の前に考える場になりました。教育学部でやることには，そういう意味もあるんだと思いました。
語り抜粋	「どうも皆さん，はじめまして。南三陸町の小さな田舎から来ました。もちろん，町はなくなりました。今夜はざっくばらんに，ご質問等ありましたら，できる限りの対応をしていきたいと思っておりますので，ひとつ，よろしくお願いします」

第2回　髙村美春さん
「南相馬，三年を経て〜一つの家族の物語〜」

記録抜粋	（金井）髙村さんからのメッセージ「先進国と言われる日本であのとき何がおこっていたのか，今もこれからも苦しみが続くなかに生きるとは何かを伝えたいと思っています」 （大場）今回進行役を務めてくださった学生からのご紹介に，息子さんとのお写真がありました。髙村さんがいかにお子様を大事にされているかが感じられるものでした。お話の中で，震災後さまざまな情報に翻弄されそうになりながら

も子どもたちと逃げて，ボランティアをして，乗り越えて来られた高村さんの過酷な日々を思い知らされると共に，どこか「潔さ」を感じました。それはきっと次のやり取りを聞いた影響が大きかったように思います。

学生：「放射能の問題がある中で，色々と悩んだ結果福島に残られていると思いますが，それでも安全なところへ移ろうと改めて思ったことはないですか」

高村さん：「……。安全な場所って，いったい日本のどこにあるんでしょうか」

つまり，災害も事件も犯罪も，日本のどこにいたって危険はあるということ，環境の平和があっても心が平和になれないのであればそれも安全とは言えないということ，そういったこと考えたうえで出した結論が，自分の知っている，愛着ある地元に残るということだったのです。高村さんの「潔さ」は，悩んで悩んで，自分で出した結論だからこそ，感じられたものであったかもしれません。「母は強し」……そう，強く感じました。

語り抜粋	「あとはその，震災の……地震のあった夜ですね，家族会議したんですよ。子どもと。もしも，もしものときに，一番大事なのは誰？って。そうすると，お兄ちゃんも2番目のお兄ちゃんも弟だって。お母さん，手2本しかないから，2人しか助けられないよって。2本とも弟を助けてほしいって。で，そういった話をしてましたから，まず子どもを，三男の子どもだけをここから避難させなきゃいけないと思いました」

第3回　楠原貴洋さん
「震災後の子ども達～地元親父は何を思う～」

記録抜粋	（金井）楠原さんの話の向こう側に，バレーボールや野球に夢中になっている子どもたちの顔が見えるお話でした。街の復興同様に，子どもたちに心の整理がつくには，まだまだ時間がかかり，そのために遠くにいても大人にできることがたくさんあることを，気付かせていただけた，貴重な時間でした。 （大場）楠原さんから見た，震災直後の，メディアには現れないような酷な現実のお話，震災後の子どもたちの姿や，支援があって野球やバレーができるようになったように，県外との交流が築いてくれた子ども達の成長のお話，楠原さんがお考えになる，「ボランティア」への印象等，とてもリアルな貴重なお話をいただきました。いつも南三陸町で楠原さんにお世話になっている大場として，少し個人的な感想を書かせていただきますと，一番前でお話を聴かせていただ

きながら，楠原さんの表情に胸を打たれ続けていました。なかなか普段地元で話しているときには見せない，一言一言への重みを感じられる，ことばにできない表情をされている瞬間がありました。しかし，そう思うと，またふと，いつもの笑顔を見せてくださる楠原さんのあたたかさに，さらにまた胸を打たれるのでした。そして，被災地に今も残る，子ども達の遊び場・スポーツの場・生活の問題を，真剣に考えなければいけないし，どれだけの大人が真剣に考えられているのだろう，と思ったのでした。今もなお，グラウンドの半分以上が仮設住宅によって使えない現状の学校。そんな環境の中，小中高と成長していく子ども達。道路は嵩上げのダンプが行き来する毎日。彼らの4年目，5年目にも，思いきり駆け回ることのできる場ができる見通しの立たない現状を，どうにもできないのでしょうか？この問いかけは，災害が多発している今だからこそ，他人事とせず，ぜひ，皆さんにも考えていただきたいと思いました。

語り抜粋

「あえて，津波の話は自分の子どもにはしないんですよ。逆に海で泳ぎたい，夏になったら海で泳ぎたいっていうんですよ。うちらが小さい頃泳いでいたみたいに。同じように泳ぎたいって。いざ，海水浴場，一ヶ月限定で出すんですけど，いざそこに行くのかっていうと行かないんですよ。地元の海にも入りたいんだけど，結局思うに，津波が来たこと分かってるんですよ，子どもたちは。で，違う海に入りたいって。で，波の出るプール？って。いやいやそうじゃない，海に行きたいんだ，って」

第4回　岡部政行さん
「放射能ゼロ，食味世界一の米を作る
　　～四年目の収穫期を終えて～」

記録抜粋

（金井）「このお米，違うよ」と親友の宮下さんが教えてくれて，私・金井が食べ始めたお米。それが，岡部さんのお米でした。50年以上も生きて来て，いっぱい美味しいお米も食べてきたはずでしたが，ほんとうに「違い」ました。地震と原発事故からちょうど1年目の春でした。「こういうお米を拵える人は，どんな人なんだろう？」と興味がわいて，農業体験のお誘いに仲間と出かけてから，毎月天栄村の田んぼに出かけるようになるまでに，さほど，時間はかかりませんでした。この間，岡部さんから教えていただいたことは，数知れません。（中略）「放射能ゼロの米作り」「米食味世界一の米作り」言葉にすればたったの2行ですが，その2行の後ろに，いろんなことがいっぱいある。あれから4年

	目，福島の米価が史上最低となることが解った厳しいこの冬。岡部さんに，これまでとこれからを，温かい福島弁で語ってもらおうと思います。
語り抜粋	「皆様，おばんでございます。ご紹介いただきました，福島の天栄村から参りました。あの，農家歴は長いんですが，こういうところでしゃべるのはほとんど苦手で，皆さんに迷惑かけちゃうんじゃないかなと思っております。まあ，映像の中にもありましたけど，天栄米栽培研究会で22名で活動しております。これは原発の前に発足したグループでありまして，役場の，今，映像出ました吉成さんって方……産業振興課の方々と一緒に日本一の美味い米をということで立ち上げたグループです」

第5回　木下裕章さん
「いちばん若い案内人は，水俣の何を伝えるか〜40年目の相思社職員〜」

記録抜粋	（金井）（※木下さんの写真を紹介しながら）水俣病の多発地域であった，茂道の森の中で，小さな音楽祭とフリーマーケットを企画・運営されていたときの1枚です。いかにも解り易いアグレッシヴな「運動家」！といった風情はみじんもない，どちらかというと，ぽーっとというか，おっとりしている人です。しかし不思議なことに，一座していると，こちらがふっと緩んで来て，楽しくなって来る。水俣の街の若い世代と，いろんな企みをのびのびカタチにしておられます。かつてもいまも，水俣病の患者運動を牽引している，創立40年目の相思社で，木下さんがしているしごとや，日々感じておられる思いを，語っていただきます。
語り抜粋	「小学校5年生のときに熊本では一回水俣に行くんですけど，相思社の歴史考証館っていうのがあるんですけど，そこに行くことになって，そこに行ったことも忘れているくらいだったんですけど，その原発の事故が大きなきっかけとなって，水俣に行くんですね。その共通するところがあったりとか，構造が似ているというところから，水俣のこともう一度学びたいっていう，そういうのがあって，もう一度水俣に来ました。大学を卒業してすぐ水俣病センター相思社というところで働いています」

第6回　和合亮一さん
「"福島"はいま〜あの日から，そして明日へ〜」

記録抜粋

（金井）来る2月1日，早稲田大学でご講演下さる和合亮一さんが書かれた絵本『はしるってなに』。ともかく一冊の間中，男の子がずーっと走ってるんです。息つく暇もないくらいに。でも，走りながら，周りの大人たちを見ているし，自分を支えてくれる思い出を思い出しているし，何より目の前の風景をしっかり捉えています。（中略）今回は，中学・高校の教員を目指す私の教え子たちが8人で，『はしるってなに』を群読してくれるコーナーがあります。

語り抜粋

「いいか　いいか　いいか　いいか　いいか　いいか　余震はな　余震はな　この辺の犬が全部吠えるんだ　いいか　いいか　余震はな　余震はな　この辺の犬が全部吠えるんだ　いいか　いいか　余震はな　余震はな　余震はな　この辺の犬が全部吠えるんだ」

第7回　田畑祐梨さん
「嫌いだった街も，大人も，今では大好きになりました〜高校生語り部が届けた，ふるさとの魅力と，あの日のこと〜」

記録抜粋	（金井）初夏の風のようにフワッと登壇された田畑さんは，気負いも衒いもなく，あの日までのこと，あの日のこと，そしてあれからの日々を語ってくれました。「19歳」の講演者は，早稲田大学がお招きした方々の中でも最年少の部類に入ると思いますが，田畑さんは「語るべきこと」を持っていて，それを彼女だけの「語り」で届けることのできる，自立した素敵な語り部さんでした。「田畑さんの語りの魅力は何ですか？」と問われたら，「リフレインの魅力」と答えます。同じフレーズが，独特の間で，微妙な温度差を伴って，繰り返されるところです。とりあえず言葉にしたことを，もう一度，確かめるように，自問で始まった考えを皆の前に押し出すように，「いま／ここ」にいる人々への呼びかけが，もうここにはいない人々にも届くように——「国語」の授業だと，「繰り返しになるところは別の言葉に言い換えて——」なんて言いがちなのですが，田畑さんの語りを聴いていると，「別の言葉」なんかで言い換えてしまったら，嘘になるか，薄まるか，どこかへ飛んで行ってしまうということがあるんだよ！と言われているような気持ちがしました。
語り抜粋	「私は語り部って活動を通して，"ありがとう"と"だいすき"の魔法の言葉について話をしています。今まで私の経歴やら，できない話やらなんやらしてきたんですけど，全部忘れちゃって構わないので，〈"だいすき"は魔法の言葉〉だけは覚えて帰ってください。そして実行してください。"ありがとう"と"だいすき"って魔法の言葉です。ぽぽぽぽーんじゃなくて，……それも魔法の言葉なんですけど，ぽぽぽぽーんではなく，"ありがとう"と"だいすき"ってたくさん言ってください」

第8回　宍戸大裕さん
「動物たちが教えてくれたこと〜映画『犬と猫と人間と２動物たちの大震災』を撮って〜」

記録抜粋	（金井）第8回にご登壇いただいた宍戸さんは，映画完成から２年を経て，久々にご自身の映画を大学生たちと一緒にご覧になった後，「やっぱり疲れる映画ですよね，笑」というところから，トークを始められた。この講演会のために，一週間前に久々に福島を訪れた際の，映画に登場する人と動物たちのその後のこと，沖縄の辺野古に初めて座り込みに行ったときのこと，学生時代のこと（宍戸さんは教育学部国語国文学科の卒業生である），映像表現を学んだときの

こと，そしてご自身の郷里である宮城県名取市に，震災の5日後に戻り，撮影を始めたときのことなどを，小さなノートに折々目を向けつつ，語ってくださった。「震災・原発事故の記憶を語り継ぐ」一言ってしまえば，一言であるが，その中身と同じくらい，一人一人の語りの個性を，伝えられる方法はないかなあと模索する，今日この頃である。たとえば，ユーストリームで，講演会の全編を流せば，その講演者の語りの魅力が伝わるかと言えば，やらないよりはやったほうがいいだろうけれど，あの，会場で耳を澄ます参加者たちと講演者との間で起こる対流は伝えられないだろうし，昨日のように，若い聞き手がはやる質問をするのに対して，「ちょっとアニキ」なだけだけれども，もうそこからは歩き出して次の広いところに出ている語り手が，かつての自身に言い聞かせるように語る，その語りの魅力は，伝わらないだろうと思う。「講演会」という，明治時代からずーっと続くシンプルな「語りの場」を，もっとくつろいだ緊張感のあるものにするにはどうしたらいいか―宍戸さんの語りを聞きながら，考えていた。

語り抜粋	「僕も馬のこと正確には知らないんですけど，聞いてる限りでは，あそこは相馬市なんですけど，相馬では野馬追って行事が伝統的にありまして，馬を民家で結構飼ってるんですね。それで毎年イベントがあって，騎馬武者が武士の格好して，みんなで競馬をしたりってイベントがあるんですけど，そういう馬は，（※映像で）2頭映っていた馬だと思うんですけど，あの馬たちは結構優先的に保護されましたね。餓死したものもいるかもしれないですけれど，牛や豚や鶏のようには最後まで放っておかれるってことはなく，結構早い段階で，もしご存知の方いたら教えてほしいんですけど，たしか11（※2011）年の5月6月あたりに保護されたんではないかと思われますね」

第9回　渡部義弘さん／放送局のOG
「高校生たちは何を伝えようとしたか〜福島県立相馬高校放送局の4年間〜」

記録抜粋	（金井）ひとときも休むことなく，生徒と先生とが支え合って，小さな声でしか し着実に，「あのとき，あれから」を伝え続けてくれた，奇跡の部活動―作品5本に加えて，相馬の馬追を見学して，その魅力にハマった金井がたっての御願いをして，最近作「野馬追，その心」の追加上映もあります。当日は会場からの意見を存分に聞きたいという，渡部先生，OGの蓑野さんからのご依頼もあ

	りますので，ご覧になった方々の声で会場がいっぱいになるといいなと思います。
語り抜粋	先輩の背中を見て，そういう風に育って，逆のことを言うと，中学校のときも高校のときも生徒会やってるんですけど，さっきの子どもの意見が出てましたけど，子どもの姿は頑張ってる被災地ってときだけ都合よく引用されてきたので，その子もあとから振り返ったときに色々ご支援いただいているから，頑張ってる姿見せなきゃって，思ってましたって言ってました。って形でずっと生きてきたんですけど，ちょっといろんなかたちで不安になってくるのがあって，もうその頃，気付きを，先輩の姿を見て，その地点に到達したっていうのが嬉しいなって思ってます」

第10回　後藤伸太郎さん
「地元に帰ったら，津波が来た
　　〜町に生きることを決めた出戻り者の想い〜」

記録抜粋	（金井）人生の大きな決断をするとき，何がその人の背中を押すのか―学校の先生という，人生の交差点の信号機（道路交通法はないので，無視する人も多し，笑！）みたいなしごとをしていると，そういうことについて考える機会が，一般の人よりも多い。誰かに励まされたり，それまでやってきたことが評価されたり，と，背中を押される要素は人それぞれなのだろうが，昨夜の講演会で，印象に残ったのは，後藤さんが，「絆」を見たからこの町のために働いていこうと決意したというお話であった。（中略）「絆」という言葉ほど，大震災以降，濫用され，消費されたものはない。その語義において，支え合いと縛り合いの両義性を帯びたこの言葉の意味を，よく考えもせず，安易なキャッチフレーズとして捉える風潮に，食傷気味になった方々も大勢いるに違いない。かく言う私も，その一人であった。しかし，後藤さんの，その場にいた，尚言えば，その場を創った一人として「『絆』を見た」ということばは，「絆」に新しい生気を吹き込む力があった。その体験が，彼をどれくらい動かしたかについても，確かに感じ取ることができた。
語り抜粋	「防災教育にとって防災庁舎の遺構がこれからあるかないかが必要なんじゃなくて，なぜ残そうと思ったのかとか，残すことで何を伝えようとしたのかとかいうことが一番大切で，これまでの議論はそこから出発してないんですよ。遺族に配慮するんだったら壊すべきじゃないのかっていうのは，申し訳ないんです

がちょっと浅いっていうか，もう一個深いところを辛いけど見ながら話をしないと，本当に伝えたいことが伝わらない，と」

第11回　谷由布さん
「水俣のいま，そしてこれからを語る」

記録抜粋

（金井）由布さんは，水俣病の患者さんたちの支援者として水俣に入った両親の元に生まれ，育った。患者さんやそのご家族は，いわば人生の親戚みたいな距離で，彼女を見守り，たくさんのことを教えてくれた存在だという。今回の講演会には，由布さんが水俣に戻って以降の，彼女を取り巻く人々のスナップ写真を，たくさん持ってきて，お話をしてくださった。日々，ヘルパーとして介助をしている患者さんたち，運動を共に担う支援の人たち，お医者さんや弁護士さんたちが，写真の中で笑い，問いかけるように見返している。会場に来てくれたメンバーは，由布さんから固有名詞の存在としてその人を教わり，「水俣に行ったら会えるひと」として―あるいは，「水俣に行ったらお元気な頃のことを聞けるひと」として，紹介されたのである。○○問題の△△さん，ではなく，由布さんの大切なひと，として出会うことになった。（中略）傍にいる，ということ。谷由布さんが選んだその生き方を，いろんな事情で傍にいることはできなくても知って，訪ねて，遠隔地にいても想像力をめぐらして，つながることはできる。会場のメンバーの熱心な問いかけと，それに答える由布さんとのやりとりの間を，懇親会のためにスタッフが拵えてくれた豚汁の甘い香りが漂い，「ああ，支えられてるなあ！」と感じたことも，付け加えておく。

語り抜粋

「○○さん（※個人名のため）だけじゃなくて，そういう人がたくさんいるので……なんかあたしが生きていく分にはとりあえずなんか……，お家があるから，食べる分がちょっとあれば大丈夫だから。あとね，うち犬猫がいるんですよね，いっぱい。犬猫養う分と自分の食い扶持があれば，あとはどうでもいいので，なんかそれを，やっていけるように，やりたいと思っていて，なんかこう，笑って，いい人生だったなと思ってもらえるように，今後も頑張っていきたいなと思っています。」

最終回　猪又隆弘さん
シンポジウム「"声"を聴く〜顔の見える防
災教育とは〜」

記録抜粋	（金井）猪又隆弘さんのお話は，町の中心地域を津波によってほぼ全て流された，あの日から今日まで，人と物資と情報とお金とがどのようにして行き交い，混乱し，流出し，そして編成されていったかが，生々しくわかる―「現場」の只中に立って指揮をしてこられた方ならではのものでした。お話の底流には，首都圏に来ると言われている直下型地震あるいは南海トラフを想定して，「そのときあなたには何ができるか」という問いが一貫して在りました。猪又さんにとっての「現場」を，将来の自身の「現場」につなげて感じ考えることの大切さを，改めて認識しました。 （大場）猪又さんの震災から今日までのお話を聞いて，そして時折私も話題に登場させていただいたりしながら進んでいく中で，猪又さんがお話される時系列と共に，震災があった日，現場に行くことを決心したきっかけの授業を受けた日，初めて南三陸町に入った日，初めて猪又さんにお会いした日，リーダーになった日，笑った日，泣いた日，叱られた日，挫折しそうになった日，自分が嫌になって苦しくて逃げ出そうとした日，今逃げるなと背中を押された日，そしてまた笑えた日，感動した日，出会った日，別れた日……色々な日を振り返りました。そのいろいろな"日"を，猪又さんや会場にお越しいただいた何名かのボランティアでお世話になっている先輩方と，たくさん共有させていただいてきたと思います。今日，まだまだ終わらない，これからも挑戦していく中での中締めに過ぎない一区切りではありましたが，早稲田でのある出来事がきっかけで始まった私と南三陸町であることを改めて実感すると共に，その場に猪又さんが来てくださったこと，このような場が実現したこと，ことばにならないさまざまな思いが込み上げました。
語り抜粋	「辛く，思い返したくないような震災ではありましたが，その辛い経験をバネにして，町がより良く生まれ変わるチャンスだと捉えるようにし，皆様と共に手と手を取り合い，復興に向けて全力を尽くしてきました。私は，この東日本大震災は，"企業のボランティア元年"だと感じており，それ程までに，多くの企業様のご支援をいただいたということに感謝し切れない思いです。皆様のご支"援"があって，そこからご"縁"が生まれ，それによって考えたものを実"演"していき，つなげてまあるい"円"になる。私はそう思えてならないんですね」

（5）学生たちの成長

　全13回を通して，来てくださったゲストの方々と，会場に足を運んでくだ
さったたくさんの方々との出会いや語らいが生まれた。共に成長し，教育や防
災，そして生きることや想像することを学ぶ場として作り続けた企画であり，
決して上手にやることが目的なのではなく，声が交わされて，記憶に残り，そ
れが次の行動につながることを願って企画したものであったため，金井・大場
と有志の仲間たちらしいスタイルで続けていけたことは有意義だったと思う。
　講演会の後の懇親会では，簡単な立食スタイル（校内のため飲酒は無しで軽食
スタイル）で，関係者のケータリングや天栄米の食べ比べ，南三陸わかめの試
食なども行った。講演会そのものもそうだが，むしろ講演会の準備に慌ただし
かった金井・大場に代わって，この懇親会こそたくさんの学生たちに協力して
もらって実現できた。当日，できたてのあたたかいおむすびを食べてもらいた
いからと，開演ぎりぎりまで黙々と大量のおむすびを握ってくれた学生がいた
り，作ったことがなかった味噌汁をネットで調べながら作ってくれた学生がい
たり，足りないものを走って買いに行ってくれた学生がいたり。最終回も，本
番の時間は他所で学会を手伝う予定だったために参加が不可能なはずだった一
人が，前日に研究室を訪ね「明日の朝だけでも手伝わせてください」とそっと
申し出てくれたことがあった。そしてその申し出通り，きっちりと仕事をして
くれた。
　最終回のシンポジウムのときには，終了後に猪又氏の話を受けて，たくさん
のメモを残してくれた学生がいた。その一部を抜粋すると次のようなものだっ
た。

〈すぐ生かせると思ったこと〉

・あなたがしている訓練に意味はあるか
——炊き出しの訓練をどんなにしていても，津波には対応できなかった。津波直後に炊き出しできるものなんかなかった。洋式トイレは簡単に作れる。
・常に水は持って歩く
——外で被災したら，水がなくなる。必ず持って歩く。
・保存水は買わない
——3日に一回水を防災袋から出して入れ替える。それが防災意識につながる。ストッキングやナプキンも忘れずに。
・女性はグループを作る
——災害時は，知らない人たちでもいい，身を守るために女性でグループを作るべき。
・使命感は捨てる
——命あっての職務
……

　このメモを見て，金井と大場は，こうしてこのときの「声」が次の世代へ痕跡として受け継がれていくのだということを実感した。それは「声」のことばのまま受け取る人もいれば，さらに深読みして受け取る人，自分なりの解釈で受け取る人もいる。中には，正しく受け取れないこともあるかもしれない。しかし，それぞれの受け取り方で，その「声」は彼らへ痕跡を残し，時間をかけて彼らの中で定着し，次の力につながっていくことだろう。
　目覚ましい成長を見せた学生たちによってこの会が成り立ったと言っても過言ではない，約2年間のシリーズ「被災地の声を聴く」実践の日々。彼らがい

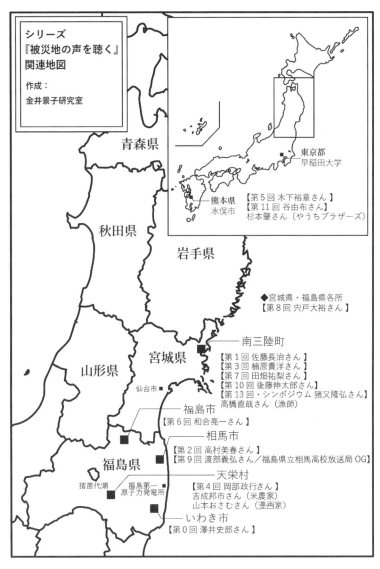

図 2 − 1　シリーズ『被災地の声を聴く』関連地図

つの日か，彼らの「現場」で精一杯働く姿が，はっきりと見える機会にもなった。そして，大学という場で企画する意義，教育学部であることの意義は，こういったところにもあったように，振り返りながら思う。こうした経験を経て社会に出た大場を含む当時の学生や関係者たちが，今，何を思うか。章にて紹介していきたい。

【注】
1) 夏休み期間中に南相馬市の子どもたちとその家族を招待する，ワークショップ形式の合宿。東北芸術工科大学主催。
2) 早稲田大学教育・総合科学学術院教授。
3) 「学生こそ自分たちの目で見ることは重要」と考え，低コストで行けるツアーを企画。1回目は初めて訪れた時にお世話になった旅行会社の協力を得て，それ以降は個人的にバスや宿を手配して企画した。災害ボランティアセンターでのボランティア活動のほか，学びのあるツアーをコンセプトに，毎回内容を少しずつ変化させながら計5回行った。
4) 榛葉健監督の手掛ける南三陸町を舞台にしたドキュメンタリー映画。『うたごころ』公式ＨＰリンク（http://utagokoro.info/）（2022.10.15閲覧）神奈川県横浜市で上映会を開催することを知り，足を運んだ。その際に，榛葉監督と横浜支部として主催していた小島佳子氏に出会う。
5) 「REIA × ARIKO トークイベント『若者たち，今こそ行こう東北へ～南三陸町へ通い続ける女子大生の声～』」というタイトルで企画。きっかけは大場の活動内容を伝える Facebook 発信を見た現地高校生が，遠く離れた佐賀でもできることをしたいと直接メッセージをくれたことだった。九州で起きた災害と東日本大震災を関連付けながら若者世代の意識を高めようという趣旨であった。その後文化祭で南三陸町産のわかめ等を取り寄せて販売する取り組みを続けてくれた。
6) 『米の放射能汚染ゼロへの挑戦──2011年福島県天栄村の挑戦』（2011，桜映画社製作）
7) 慶應義塾大学は独自のプロジェクトを発足させ，定期的に南三陸町に災害ボランティアに通っていた。この報告会では，学校組織での活動報告に対して，個人活動ならではの報告をしながら，学生にできることについて立体的な講演を試みた。以降，交流が続いた。
8) 『天に栄える村』原村政樹監督，桜映画社制作。第1回グリーンイメージ国際環境映画祭グリーンイメージ賞受賞，キネマ旬報文化記録映画ベストテン第5位。

　　公式ＨＰリンク（http://sakuraeiga.com/tensaka/）（2022.10.15 閲覧）

9）　「水俣と福島をむすぶゆんたく」は遠藤邦夫（水俣病センター相思社理事），金井景子（早稲田大学教授），宮下容子（フィリディティ投信部長），関礼子（立教大学教授），平井京ノ介（国立民俗学博物館教授）で構成された団体。福島で起きている対立の構造を知り・考え・何らかの提案を探すための議論への参加を呼びかける集団である。具体的には長期にわたって続いた公害とそれがもたらした健康被害・偏見差別・住民間の対立があった水俣市から学び，それを福島の今後に活かす活動を実施している。メンバーがそれぞれに水俣あるいは福島の各地域に深く関わって活動するフィールドを持ち，不定期に集合して，現地踏査や報告会や意見交換，学会への提言などを行っている。

10）　運営にあたり学生チームを組織し，経費を除く収益を被災地へ寄付した。上映後にこれまでの被災地での体験や上映当時の被災地についての報告と，これからできることを呼びかける講演，榛葉監督とのトークセッションなどを行った。

11）　お花見やクリスマス会などのお酒を飲みながら参加できる楽しいイベントでありながらも，南三陸町はじめ各々が関わる被災地の食材や商品を取り寄せたり，防災について考えたり，情報共有する会として月１〜数カ月に１回程度で開催し，大場が結婚するまで数年間続けた。親子参加等を含め子どもから大人まで参加した。

12）　「天栄村元気プロジェクト」（http://www.f.waseda.jp/kanaike/ten-ei_top.html）（2022.10.15 閲覧）のキャッチコピーは「天栄村で元気になる，天栄村と元気になる」。メンバーは，村外会員として，早稲田大学教育学部の教員である金井景子ほか，外資系の証券会社の社員やガラス造型作家，高校の教諭，広告のクリエイター，映像作家など，村内会員も，農家さん，村役場の人，マッサージ師，瓦職人と顔ぶれは多様。

13）　学部時代に復興支援イベントで四国を訪れた際，のちに上司となる社会人と出会い，南三陸町に通いながら疑問や関心を持ったことについて相談していたことがきっかけで「やりながら理解してみないか」と仕事に誘っていただいた。

14）　落語家の金原亭馬治，水俣のエンターテイナー「やうちブラザーズ」が出演。

15）　2016 年以降はみどり幼児園の農事イベントや天栄米の即売会の手伝いを開始し，今日に至る。

16）　各被災現場での経験を伝えること，震災の教訓として自分が学んできたことをシェアすること，自分自身が何を思い取り組んできているかを話すことを主とし，南三陸町で聞いてきた，震災当時の中高生の活躍についても紹介。南海トラフ地震を懸念している高知県の地域性や自分たちの生活圏を意識した防災・減災のた

めにできることを一緒に考える授業として，各校の教員や市職員と共に企画した。

17) 絶滅危惧種を含め，希少種の棲息を確認。再生水田の植物の3割近くが，他所の地域では絶滅に近づいていることが分かった。

18) 「田んぼと，わたしと，それからコロナ。──ゆるっと，語ろう」YouTube リンク（https://www.youtube.com/watch?v=W3aPtcnOuAs）（2022.10.15閲覧））。この年，コロナのために都市からのメンバーは田植え，草取りに参加が叶わず，稲刈りも絶望的になったことを受けて，リモートで村内・村外のメンバーが，同時に天栄米のおむすびを食べながら，思いを語り合った。

19) リモート朗読会＆読書会イベント「何度でも知ろう3.11のこと」YouTube リンク（https://www.youtube.com/watch?v=sW74fDME6fE）（2022.10.15閲覧）。朗読は，農事イベント参加者であった元学生および現役学生たちで行った。

第3章

「被災地の声」と「自身の声」を
呼び交わす

　この章では，シリーズ「被災地の声を聴く」をスタッフとして支えてくれた
メンバーが，その時の体験を今どのように捉え返しているか，また，主催者で
ある金井と大場がどう振り返っているかについて，エッセイと対談でお届けす
る。

（金井景子）

1. 講演会シリーズ「被災地の声を聴く」を支えた経験から

　講演会シリーズ「被災地の声を聴く」は，全13回と長丁場だった上に，ほ
ぼ全回，ゲストを囲んでおむすびや豚汁などの軽食を食べながら懇親を深める
アフタートークの時間がセットされていた。2個ある炊飯器から立ち上る湯気
の脇で，当日の配布資料の印刷や折り込みをし，煮えてきた鍋に味噌を溶いて
入れる。時にはゲストのお迎えをし，会が始まればタイムキーパーもする。学
生たちの支えがなかったら，到底，成り立たない会であった。

　学生たちはまた，講演会の合間に金井や大場が企画する，現地ツアーや農事体験ツアーにも積極的に参加をしてくれた。そういった経験を通じて，彼らは彼らなりにさまざまなことを学び，感じ，社会に羽ばたいていった。

　当時支えてくれた仲間たちの中から，現在は中・高の教諭や寄席の職員になった３人に，あの終わらない修学旅行か文化祭のような２年半を振り返り，現在の思いを綴ってもらった。

（1）大樹を仰いで草木が芽吹く　南壮一郎

　ニュースを見ていると，被災した方々へのインタビューが流れてくることがあります。私はあれがひどく苦手です。他人に自分の感情が引っ張られてしまう質なのです。人が楽しんでいると感じると私も楽しくなり，人が悲しんでいると感じると私も悲しくなる。突然の災害で大切なものを失い，深く絶望している人を見たとき，私の心は暗く沈みます。決して私だけが持っている性質ではないはずですが，こうした性質を持っている多くの人と同様に，この性質には大いに振り回されてきました。だから，私などでは慰めきれないほどの傷を心に負った人には，必然的に近づかなくなりました。被災した方々などはその最たる例だと思っていました。「被災地の声を聴く」を支えることになったのは，恩のある金井先生に頼まれたからに他なりませんでした。興味を持って乗り気で参加したわけではありません。どころか，初めてお話を聞く日には，どれほどの惨状と感情を目の当たりにすることになるのだろうと，戦々恐々としていたのが正直なところです。

　早稲田にお越しになった方々が語ってくださったことは，やはり「どうしようもないのではないか」と思ってしまうほどの困難の数々であり，しかし悲しみや苦しみの声ではありませんでした。私がお話を聞く中で，どの方からも感じたのは覚悟や決意でした。事実として悲劇は起きましたし，その際の心情は想像できるようなものではありません。ですが，そこで生きてきた，生きている方々は，それらと向き合って生きていかなければなりません。覚悟や決意を感じたと表現しましたが，それらは劇的な背景から生まれた燃え滾るような感

情，例えば使命感などからは遠い所にある感情だと思います。明日もここで生きていくために，起きたことに向き合っていく。いつかどこかで起きる災害のために，起きたことを伝えていく。そのために必要な，大地に根を張る大樹のような静かで大きな感情が，どの方からも感じられました。

　ニュースで切り取られる情報は，当然のことですが，ほんの小さな切れ端ですね。小さな切れ端ですが，きっとニュースで見たあの被災した方々の感情は，多かれ少なかれ，被災した方々のほとんどが味わった感情であり，そして通り過ぎて行った，通り過ぎて行かざるをえなかった感情なのだと今は思っています。早々に立ち上がった方も，長く座っていらした方も，住む場所を変えざるを得なかった方も，同じ場所で暮らしていく気持ちを固めた方も，きっといらっしゃったと思います。それでも明日を生きるために，皆さんがそれぞれのペースで一歩を踏み出し，過去と向き合って未来を意識して，そうした歩みの何歩目かに「被災地の声を聴く」があって，それが私の，私たちの新しい一歩につながったのだと。あれから月日が流れ，すっかり立場の変わった自分を振り返って今，思っているところです。

　振り返ると，東日本大震災の後もさまざまな災害が発生しました。ニュースではその都度被災した方々のインタビューが流れましたが，「インタビューが流れる」のと「声を聞く」のとでは大違いだな，と感じます。「それまで」「そのとき」「いま」「これから」が複雑に絡み合って生まれた「経験した人の声」こそが，人の心に何かを遺すことができるのではないでしょうか。少なくとも，あのとき早稲田にお越しになった方々のお話や在り方は，私の心に予想だにしなかったものを遺してくれました。もちろんそれは，被災地の悲劇的な状況をより鮮明に知ったことによるショックではなく，問題解決の糸口も見えない状況と向き合っていく姿を見たことによる勇気であり，無力を嘆くだけでなく自分にできることを探したいという気持ちです。

　私には，もうひとつ忘れられないものがあります。それは，「被災地の声を聴く」から始まった縁がもとで南三陸に招待してもらったとき，「南三陸さんさん商店街」から見た「南三陸旧防災対策庁舎」です。背中に人の活気を浴び

ながら見た，何もかもなくなった中で骨組みだけが残った景色。ここにいる人たちは皆，この現実と向き合いながらここまできて，そしてまたここから行くのだなということを強く感じた瞬間でした。

　人間は未来のことを考える生き物です。しかし，残念ながら未来は人智を超えており，私の未来にどんな困難が待ち受けているかは分かりません。それでも，起きたことと向き合って，未来をしっかり見据える限り，人はまた立ち上がれるのだと思います。私の中に遺った「被災地の声を聴く」講演者の皆さんの姿や，南三陸旧防衛対策庁舎を見つめながら南三陸さんさん商店街を作り上げた南三陸の皆さんの姿は，私にそう訴えかけています。私も私の人生をしっかり生きていく所存です。そして，「被災地の声を聴く」でできた縁を，折に触れて手繰っていきたいと思います。

（2）田んぼを渡る風がつなぐもの　冨里美由紀

　今年も稲の花が咲いた。天に向かってすくっと伸び，その青々とした手には繊細な鈴のような膨らみを抱いていた。思わずしゃがんで顔を寄せた。小さな小さな稲の花が今年も咲いた。香ばしくなる少し前の緑の匂いが鼻腔に広がった。立ち上がると，座間の田んぼの上を風が渡っていた。天栄村で出会った方々の顔が目に浮かび，炊き立てのお米の馥郁たる香りが懐かしくなった。

　「今日は豚汁を作りましょう。30人前！」「南三陸のわかめで茎わかめご飯と玉ねぎサラダを作りましょう」「天栄米の食べ比べ！」「塩むすびを拵えましょう」講演会の後は金井先生発案の手作りの懇親会が催された。ゲストや来場者の方，応援に駆け付けてくれた学生の皆さんが一緒に美味しいものを囲む。とっておきのケータリングもご馳走だ。当時，金井研究室スタッフだった私はテクニカルスタッフのH氏，そして南くんはじめ学生炊飯隊の面々と共に8階研究室フロアの至るところで調理を行った。フロア内のコンセントを拝借して3台の炊飯器をフル稼働させ，給湯室にIHコンロを置いて大鍋に味噌を溶いた。ティーカップを使って拵えた，まんまるの天栄米塩むすびは，一緒に作ってくれた学生さんがとても上手だったと今でもはっきり覚えている。

　2012 年に大学院を修了し，その直後に岩手県宮古市に移り住んだ。神奈川県に生まれ育った私にとって，初めての大きな選択だった。何かに突き動かされるように，何かに導かれるように本州最東端の港町へ向かった。今となって振り返ると，あのとき私に湧きあがった「何か」は若さゆえの己への過信だ。被災した土地の傷へ，一方的に「さわろう」とする行為であって，お互いに思いを通わせ合って思慮深く「ふれよう」とはしていなかったのだと思う[1]。そしてできることとできないことの境界が正しく見定められていなかったのだろう。宮古の土地で出会った方々に感謝しつつも，2014 年に再び神奈川県に戻った。このような折に金井先生からお声掛けを頂戴し，研究室のお手伝いをさせてもらえることになった。しかし「被災地の声を聴く」シリーズに携わるに当たっては，暫く逡巡した。それぞれの土地でご自身や家族の暮らしを守ることに尽力されている方，困難な状況の中でも未来に向かって一生懸命活動されている方，大切な声を届けてくださるゲストの方々を前に，自分がただひたすらに情けなくて，忸怩たる思いを言葉にする勇気も持てず，どのような顔でお会いして良いのか考えあぐねてしまったのだ。

　講演会が終わると続けて懇親会が幕を開ける。力持ちの南くんにじっくり煮込んだ豚汁の大鍋を運んでもらい，私はまんまる塩むすびが山盛りのお盆を持って，いざ会場へ走る。炊飯隊の学生さんたちも走る。会場の扉を開けると，お腹を空かせた人たち（若い人も人生の先輩も！）がお腹を空かせた顔で待っていた。土地と生産者さんが丹精込めて育んだ食材は学生さんたちの頑張りで絶品の料理になる。それを美味しいねと言って食べてもらえるのはこの上ない喜びだ。気づくと隣にはお話をしたかったゲストの方がいらした。美味しいものを共有して，温かい湯気に包まれると，言えずにいた思いを少しだけ伝えることができた。

　「被災地の声を聴く」シリーズは一区切りしたが，各地から届けて頂いた声は私の中にもしっかりと根付いている。南三陸，南相馬，天栄，水俣……それぞれの地名を見るとあのときの顔が思い出される。嬉しい出来事には，自分のことのように嬉しくなり，辛い出来事にはどうかご無事でありますようにとと

ても心配になる。心を配る相手が増えることは，縁に恵まれているということ。頂いた大切な声を，私の大切な人たちへ伝え続けていきたい。

　私は２年間の研究室スタッフを経験させていただいた後，私学の国語科教員を経て，現在は「笑門来福」の看板が立つ演芸場に勤務している。落語を聴きに来るお客さんはさまざまだ。あるとき，終演後に話しかけられたことがある。以前は高齢のお母様と一緒に頻繁に訪れていたが暫く来ていなかったという。その間にお母様を亡くされていた。気分転換も兼ねて久しぶりに来てみたら，お母様が一番好きだった演目がかかって，なぜだか一緒に聴いているような心地になったと，ぽつりぽつりと語ってくれた。かなしさもいとしさも抱えて，私たちは生きているのだとその背中を見送りながら改めて思った。今はここにいない人，今もここにいる人，私にできる限り声を聴き届けていきたい。

　今年も一面が黄金色になった田んぼに首を垂れた稲穂が実ったら，美味しいおむすびを握ろう。

【注】
1) 「さわる」「ふれる」については，伊藤亜紗『手の倫理』(2020・講談社選書メチエ) を参照。

（3）長さんという在り方　八木澤宗弘

　「津波が来て良かったって思うこともあるんです。知り合いようがなかった人と，こうやってたくさん出会えたんだから」

　金井氏（以下，金井さん）・大場氏（以下，れいあ）が携わってきた防災についての試みと，私自身とのつながりを思い返すことは，かつて視野狭窄に陥っていたころの私と対話することに等しく，非常に気まずい感覚がある。

　私とれいあは，大学院の研究室の同期だ。私は他大学から来たいわゆる外部生で，れいあは内部進学者だった。希望した研究室は，論文の切れ味鋭い教授による指導の厳しさで有名なところであり，そこに所属する学生に対しても私は，頭脳明晰，研究熱心，生半可な覚悟でいたら全身傷だらけになるような，

そんなイメージを持っていた。だから私は心に防刃ベストを着込んで乗り込んだわけだが，私の先入観を真っ先に打ち崩したのが，れいあであった。すでにボランティアとして南三陸町に通っていた彼女は，研究の傍ら，毎週末，東京―南三陸間を往復していたのだ。しかもそれは彼女の専攻と何の関係もないという。そのタフネスに感心する一方で，私ははじめ，彼女の研究態度を訝しんだ。それまでボランティアと縁がなかったことも関係しているだろう。

　しかし，れいあと同期として付き合っていくうちに，自然な流れとして，彼女を構成する重要な要素であるボランティアについて知りたいという気持ちが湧いてきた。前後して，隣の研究室の教授であり，天栄村や水俣市を応援する金井さんからも授業をきっかけに声をかけていただけるようになる。結局私は，れいあに連れられて南三陸町に赴き，金井さんと南相馬市，天栄村，さらには水俣市にまで行ってしまった。現地の空気を肌で感じることができたこれらの経験は，現在教鞭を取る自分にとって大きな財産となっている。

　冒頭の台詞に戻る。これは金井さんとれいあが早稲田大学で共催した「被災地の声を聴く」で，第一回の講演者である漁師の「長（ちょう）さん」が発した言葉だ。講演の最後に放たれたこの言葉を聞いた瞬間，私は耳を疑った。そして直後に「それは言っちゃダメだろ」という感想を抱いた。

　後半の「たくさんの出会いがあってありがたい」という箇所については，私が訪れた先々でも少なくない人が口にしたのを聞いたことがあるし，素直に受け取ることのできる言葉だ。問題は前半部である。私の身体はこちらに拒絶反応を示した。「津波が来て良かった」と言える場面など，存在するのだろうか。結果としてさまざまな出会いをもたらしたとはいえ，津波を肯定することは，たくさんの人が亡くなったという事実を肯定することになるのではないか。それを生き延びた人間が口にして良いものだろうか。私は疑問に感じたのだ。冒涜とまで感じていたかもしれない。同様の内容をリアクションペーパーに書きなぐった記憶がある。

　「災害によって大切な人や暮らしを失うかわりに，これまでの人生ではあり

得なかった邂逅を果たします」。こんな未来が目の前に差し出されたとして，素直に受け取る人はいるのだろうか。よほど自暴自棄でない限り，歓迎する人はいないだろう。なぜなら，「大切な人や暮らし」と「新たな出会い」とでは，前者に多くの命が含まれているために天秤が釣り合っておらず，選ぶまでもないからだ。私は，津波を肯定した長さんの意図が分からず，分からないものだから，「きっと彼はつい言いすぎたのだ」と思うことにして，考えるのをやめてしまった。この判断には私の偏見が大きく影響している。

　他のページに詳細が書かれていると思うが，「被災地の声を聴く」という企画は「声なき声」に耳を傾けることに重きを置いたものであった。講演などで話し慣れていない方にわざわざ話をしてもらうことで，上手にラッピングされていないリアルな話を聴くことができるというわけだ。しかしその一方で，話し慣れていないということは，つい常套句（悪く言えばクリシェ）に頼ってしまうというジレンマを抱えている。食レポに慣れていない芸能人がなんでもかんでも「甘い」と表現したり，食べる前から「これ絶対美味しいやつだ」と表現したりするアレだ。「出会えて嬉しい」という言葉は，喪失と好対照を成すがゆえに，被災地において扱いやすく，クリシェになりつつある表現であった（当時「絆」という言葉が日本中で用いられ，地域の枠を越えたつながりが強調されたことも後押ししただろう）。長さんは，講演という緊張の中，自分の内側を探っても「それっぽい言葉」が見当たらないがゆえに，聴衆の期待に応えようと，便利な言葉に頼ったのではないか。だから他意はない。私はそう考えたのだ。

　しかし，これは誤った解釈であった。

　後日その事実を私に指摘したのは，フランクル『夜と霧』だった。内容はいまさら語るまでもないが，そこには，自らが直面したホロコーストという不条理と向き合い，それをときに肯定しながら気高く生きる人々の姿があった。これを読んだことで，私は前提条件を誤っていたことに気づかされた。

　長さんは，すでに失っているのだ。そこに選択の余地などなかった。

　仲間を失ったら悲しいだとか，生活が奪われたらくやしいだとか，そんな話はとうに終わっているのだ。これを仮定の話として扱えるのは，まだ奪われて

いない者だけである。何が「歓迎する人はいないだろう」だ。長さんが災害を
歓迎したわけがないじゃないか。でも来てしまったのだ。勝手に。一方的に。
「大切な人と暮らしを奪ったけど，この後どうする？」と突きつけてきたのだ。
そんな不条理に見舞われながらも，長さんは生きねばならなかった。なぜなら，
仲間の命は失われ，自分は生き残ったのだから。選択としてではなく，絶望の
帰着として，生きるという形をとったにすぎない。それが運命を受け入れたよ
うに映っているだけだ。

　ここで必要なのは，生きる意味についての問いを百八十度方向転換するこ
とだ。わたしたちが生きることからなにを期待するかではなく，むしろひた
すら，生きることがわたしたちからなにを期待しているかが問題なのだ，と
いうことを学び，絶望している人間に伝えねばならない。

これは『夜と霧』の中でも最も有名な一節であるが，これを読むたびに，一
つずつ言葉を探しながら自分の体験を静かに語る長さんの姿が目に浮かぶ。今
思えば，あの抑揚の少なさこそがリアルだったのだ。津波が来たことを何かと
比べて喜んでいるわけでは決してない。長さんは，自分の人生を担うひとりの
人間として，一日一日を積み重ねていくことで，ようやく不条理と向き合える
ようになりつつあったにすぎない。その上で，私達との出会いを歓迎したのだ。
それにしても，安全圏から言葉尻を捉えて批判していた私の傲慢さにはあきれ
たものだ。れいあと出会うまでボランティアに接してこなかった理由も，きっ
とこのあたりにあるのだろう。償いになるかは分からないが，まず私がすべき
ことは，ここに長さんの在り方を記して，誰かに伝えることだ。

2.　対談 シリーズ「被災地の声を聴く」を振り返る

改めていま，シリーズ全体を振り返る

金井 この対談は，私の認識としては，時系列にまとめられたシリーズ「被災地の声を聴く」を振り返りつつも，あれを一つの結節点として，その前後についてどう考えていたか，そしてこの取り組みが今の私たちにどうつながっていったかということを考える場になればと思っています。

　特に，これまでも黎亜さんと話してきたり，社会的にも考える必要のあることとして「被災地とジェンダー」「家父長制」「SDGs」「企業が人を育てていくこと」などがありましたが，そのあたりも少し触れていきたいですね。

大場 今回こうして振り返るにあたっては，寄稿してくれた皆さんやインタビューに応じてくれた皆さんからの今の「声」も想像以上に私たちにさまざまなことを考えさせてくれたと思います。特に，同期の八木澤くんが寄稿で書いていた「津波が来て良かったって思うこともある」という長さん（第1回ゲストの佐藤長治さん）の言葉に対して感じていたことも，私は今でも彼と親しいですが，今回初めて知りました。あのときあの場では，私や先生は多分そこまで違和感なく聞いていたと思うんですけど，八木澤くんが勇気を出して「被災地の人の声を聴こう」と思っていたときに，あの言葉を聴いたことがそれほど衝撃的だったんだということを今になって知りました。

金井 私は，長さんのその言葉については，すぐに水俣の杉本栄子さん（第3章——5杉本肇さんのお母さん）の「水俣病はのさり（賜物）」という言葉と結びついたんですよね。過酷な状況を生き延びてなお，希望を失わないで生きようとする人の，一つの認識としてあるんだなって。とんでもない過酷な経験ではあったけれども，それでいろんな人にも巡り会えたし，自分の災厄についての認識も深まったという考え方です。それで，自身としてはそのまま納得しちゃってたんですよね。だけど，あのときの八木澤さんみたいに受け取った参加者は，かなりいたんじゃないかと改めて思いました。

大場 シリーズの第4回のときだったと思いますが，「放射能ゼロ，食味世界

一の米を作る〜四年目の収穫期を終えて〜」というタイトルの「放射能ゼロ」という言葉に対して「ゼロっていうのはありえなくないか？」という指摘が参加者から出ましたよね。「ゼロを目指して」とか「ゼロに近づける」なら分かるけれど，「ゼロ」って言い切ってしまうのはどうなのか，「ゼロ」でなければ安心とは言えないのか，と。言葉の設定の難しさとか，その言葉に込めた意味とか，なぜ「ゼロ」って言い切っているのかの説明などがないと納得しない人もいます。でも，あの指摘が出たこともこの企画をやった意義だと思っていて，「この言葉で合っているんだろうか？」と考える人を育みたいというのも，私たち国文の教育の役割にあると思うんですよね。だからすごく大事な意見だったなと。

　あるいは，大学ではなくもっと一般向けの会場だったら，そういう指摘をする人がマイノリティーになるかもしれないというか，「何，言葉尻を捕らえているんだよ」みたいな空気になる可能性もありますよね。

金井　そういう質問が出ると，主催者としても「語り手の意気込みが伝わらないのか」みたいなことになってしまうことありますね。

大場　そうなんです。「そんなところ突っ込まなくたって分かるだろう」みたいな方も多分います。今の世の中はそういう少数派の意見を言うと，一瞬空気が凍り付くみたいなところがある。ただ，あのときの雰囲気はすごくよく覚えているのですが，あの指摘は大事なところを突いていて，こうした意見が出ることは主催者側の意図としても大事なことで，嬉しいことでした。復興とか絆とか言っているけど「復興って何？」「絆って何？」「それって本当に正しいの？」みたいなことを問う，問われることが大切で。問い続ける人が増えれば，記憶の風化とか「震災から何年経ったので復興は終わりました」みたいなこともないし，その問題意識のサイクルが，被災地に寄り添い続けることとか，自分事として防災につながるはずと思っています。

金井 私たちの考える「防災とは？」「防災教育とは？」の問いにもつながる話ですね。

　今回の講演会シリーズは，いわゆる「偉い人を招いて講話をいただく」というスタイルではなく，その地で生活している人のリアルな「声」を聴くというものでした。お話を聞いた直後の質疑の時間の他に，フランクに軽い食事を介しながらの懇親会を設けていましたけれど，自分の中で引っ掛かってるものについて，登壇者や企画者に問い直すことができる場があったのも大事だったかなと思います。それを13回，提供できたところに特色があったところが一番だったかもしれませんね。

大場 八木澤くんはあるとき「ボランティアって少し偽善ぽいと思っていたけど，黎亜に付いて実際に行ってみたら考えも変わって，良かったです」みたいな話をしていたことがありました。彼の中では，あのシリーズ13回を通じて南三陸に行ったり，天栄村に行ったりみたいなことがあるわけですよね。今回も，寄稿をくれた際のメールの文中に「自分の恥ずかしいところについて触れたつもりです」とありましたが，自分と向き合い素直な言葉が出てくるということは，素敵だなと思いました。結婚して，今は父親でもある八木澤くんですが，夫や父親としての彼，そして教員としての彼にすごくつながってるんだろうと，友人としても思います。

金井 それで言うと，南さんも「偽善的なもの」に対して，すごく鼻が利く学生さんで，「自分がいいことをしてる」ような感じになると，それをまず疑っちゃうというところがあって，随分，議論しましたね。冨里さんは，震災の翌年に沿岸部の被災地域に仕事を見つけて，生活丸ごとぶつかっていったけれど，自分の思いを伝えよう，役に立ちたいっていうことが，被災地の人たちにすぐには受け入れてもらえなくて，立ちすくんじゃって，戻ってくるという体験をしていたんですよね。そんなときに，私と黎亜さんが企画した講演会シリーズがスタートしたので，お手伝いを頼まれて，きっと戸惑いがあったと思います。

でも，初回から最終回まで，ずっと支えてくれて，多くのゲストさんたちのお話を聴くうちに，自身のできることが何か，探り当てていったように感じました。

大場　当初は割とがむしゃらに，何もしないより，やれることをやろうという意図で企画していたし，逆にずっとだらだらやり続けることでもないのかなと思っていましたね。「被災地から毎回人を呼んでいる」「だから復興に寄り添ってる」となってしまったり見えてしまったら，それこそ偽善な気もしますし。ただただ，あの頃は自分たちのネットワークを駆使して「この人の声を聴かせたい」「聴いて考えてほしい」という思いだけで企画していましたよね。

金井　そうですね。

大場　5年以上経ちましたけど，月日が経っても，ゲストも参加者も私たちも含め，シリーズに来てくれたみんなの中で何かが続いているのかなと思います。当時は「どうなるか分からないけどきっと意味がある」と信じてやっていたことですけど，そのときに自分たちの力量でできることをとりあえずやってみようとやった行動が，結果につながるんだということを，時間が経ったからこそ教えてもらえた感じがします。

金井　福島のことを伝えるということでいうと，ゲストに来てくださった高村さんや和合さん，渡部義弘先生とその教え子さんたちの相馬高校放送局の人たちも皆さん，その後ずっとそれぞれの活動を弛みなく継続されています。対面ではもちろんのこと，SNSをはじめさまざまなメディアで発信し続けておられます。問題が本当に大きいから，経験を表現することも伝達することも，個人の力ですぐにどうこうなるようなことではなくて，きっと途方に暮れることもあるに違いないと思うのですが，ずっと，ずーっと継続されています。続いてますよね，あれから5年以上経っても。天栄村の岡部さんをはじめ，あのときに私たちに問題提起してくれた人たちの，その後の10年を辿ると，続ける

ことが新しいチャレンジにつながっています。

　都市部の人々がまだ福島で採れる作物に関して安全性に疑問を抱いて，購買をためらい，売り上げが見込めないときに，岡部さんの眼は村の耕作放棄地を捉えていた。何だかすごいなって思ったことを思い出したのですが，それは震災以前からの思いでもあって，原発事故後の「放射能ゼロを目指すお米作り」のトライを気が遠くなるほど重ねる中で，むしろ次にすべきこととして地域自体を存続させるのはどうしたらいいのかというふうにつながっていったんだなと。防災というのも，何かの局面で備えと判断が働いて命を救うとか，家財を失わなかったというような「結果」として捉えがちですが，実際に動き始めると次々に課題が見えてきて，終わりがないように思います。

「なぜそこに住み続けるんだろう」という問い

金井　それから，これもシリーズ通じて，一つの問いに対する答えを探していました。それは，天栄村に通い始めた頃に，何人かから「福島に放射能が降って大変だったら，汚染を免れた他所の土地に代替して，そこで農業をやるという選択肢もあるのではないか」という声を寄せられたことです。南三陸町も，歴史的に幾度も津波に街を根こそぎ持っていかれるという災害に遭って，甚大な被害を受けているのに，なぜそこに住み続けるんだろうという問いです。

　この10年，そこに通い続けて土地を耕してみたり，そこで採れた美味しいものを食べてお話を聴くうちに，ここじゃなきゃ駄目なんだということの意味が，ただ生まれ育った故郷に固執してるとか，他を知らないからとか，そういう問題ではないということが……つまり，岡部さんがここで，半世紀近くかけて耕し肥料を入れて育て上げた田んぼと，それらが近隣の山や川と創っている風景とを切り離すことはできないんだということが，だんだん分かってきたんです。「工場の移転」みたいなものとは，根本的に違うんだと。震災があって南三陸町と出会い，東京から移住して町民となった黎亜さんは，この点いかがですか。

大場 それはすごく共感しますね。例えば，東京にいる人から見たら，「農業」ってそんなに多様に見えないと思うんですよ。「米とか野菜作るんでしょ」みたいなところがある。畜産だったら「豚とか牛小屋の中にいるんでしょ」みたいなイメージでしか捉えられない。でも，農業をやろうと思った理由ややり続ける理由は本当に人それぞれなんです。山も畑も海も「ここじゃなきゃいけない」という思いがある一次産業者さんがたくさんいると思います。その理由も，生まれ育ってこの地の景色が好きだからとか，先祖代々耕した畑だから人に耕させたくないとか，中には条件が良いからとかもあると思いますが，いろいろな人がいます。だけどみんなそこを知らないし，縁がないと分からない。

　一次産業という括りはあっても，そこに関わる人たち一人一人の多様性を分かっていないから，自給自足とかSDGsとかを唱えていることも綺麗事に感じることが町民になってから増えて，自問自答しています。何度も見てきた里山の景観も，住民側になると「あそこのじいさんが亡くなったから畑をどうするか」みたいな内々の話とかも出てくる。「この畑を何とか潰さないでやれないかな」みたいなこともあれば，もう担い手もいないし宅地に変更できないか，みたいなこともある。変えてしまうのは簡単なんです。でも変えればいいというものではなく，地域の中での思い出も文化なんです。「あそこの畑でとうもろこしを作ってたおじいさんがいた」「もうこの桑畑の景色が見られなくなるのか」ということも文化。

金井 分かりますね。岡部さんが守りたいものにも通ずると思います。

大場 例えば今，私がお世話になってる農家さんたち……その方々はまだ全然元気ですが，これからまた数十年経って，今やられているりんごや桃が見られなくなったら，牛がいなくなったら，すごく寂しくなるなと最近思うんです。前はそこまで考えなかったけれど，最近一次産業に関わるようになって，事業としては単年度の視点もあるものの，やっぱり長期的に考えることのほうが多いから，その分30年後ぐらいを想像すると消えていってしまうことが多いような

気がして，すごく悲しくなっちゃうときがあります。でも一方で，今あるこの景色や生業は文化だから，土地や事業を継承することはできなくても，今のうちに一緒にやっていくことはできるな，この人が大事にしてきたこの景色とか，生業とか，里山の営みを，私たちもつなぎたいなという思いが生まれました。

　あとは，南三陸町内で感じているのは，元々そこにいた人と移住してきた人の想いは当然異なる点もあって多様ではあるけれど，そのことを互いに理解し合っている関係性が構築できつつあるからか，最近は地元の人も私たちにバトンを渡そうと思ってくれていることを感じます。

金井　「農業」「林業」「漁業」どれも産業，生業としてあるので事業継承として捉えがちですし大切なことですが，それらの生業があるその地域としての「文化」を守っていくというところに，私たちの取り組みの意義もつながっていくような気がしますね。それから，その事業自体を守るために動ける人は限られてしまうかもしれないけれど，その文化を守りたいと思って動ける人は，いるかもしれないですね。私たちが「農家」になるわけでも田んぼを完全管理できるわけでもない一方で，こうして通い続け広めていきたいと思っているのと同じように。

大場　シリーズを通して被災地の「声」を聴いた人たちは，その地域に移住したり深いつながりを持たなくとも，0の状態と1を知った状態の違いが出る。例え1回しか来なかった人も，その1回があるかないかで何か変わるだろうし，13回全てに出席してくれた人は，それだけ多分，想像力とか，思いの馳せどころが変わってくると思うんです。そういう人は多分，防災ブックを何回も熟読する以上の防災力が備わっているんじゃないかなあと。

　例えば大雨のニュースが出たときに「あそこ大丈夫かな」「あの地域は前にも災害あったよな」などと身近に思いを馳せられる場所を持っている人は，自ずと次にすべき行動を考え始めるようになると思うんですよね，何かするかどうかは別として。

消防と消防団——地域を守る，命を守る——

金井　消防団の問題についてですが，天栄村の吉成さんなんかは「消防無線が鳴る前に，カチッという音がするだけで目が覚めて，装備をして出て行くカラダになってるなぁ」と話してくれたことがありました。火災のときに，煙に巻かれて死ぬかなと思ったことも 2 回くらいあったよと。都会ではちょっと考えられないことですよね。命を的にして近隣を守るということ自体も，かつて田舎では当たり前のことだったけど，防災において民間の人が地域で，命懸けでボランティア活動をするということ自体，これから若年層の人口がどんどん減少していくことを考えると持続自体が困難になっています。しかし今後，地域は誰が守るんだということは，問いとして残りますよね。

　3.11 を契機にさまざまな地域に関わっていなかったら，私は，そういうことは公共がやるもので，消防署や警察に連絡したら，後に個人にできることはもうないと考えていました。それもあながち間違いでもないけど，実際問題，これから起こるであろう，都市の直下型の大規模地震が起こった際に，まず自分の命を救う，そして自分の家族や周囲の人の命を救うという局面で，長い積み重ねがあった地域の共助の活動，運営の在り方みたいなものを，マイナス面も含めて，直接話を聞いたり，そこから自問自答するということがあるのとないのでは，大きな開きがあるなと感じています。

大場　東日本大震災のときに，消防署の方も消防団の方もたくさん亡くなりました。南三陸町の消防の方から伺った話として，「今までは正義で動いていたけれど，日頃から言っている"津波てんでんこ（津波が来たらてんでんばらばらに高いところへ逃げろ）"という言葉を守れていない消防は，いざというときに結局は人を守れない」と聞いたことがあります。また，震災の教訓としてリスクアセスメントを大事にするようになったと。救助が必要な際に，救う側が生きて帰って来られる可能性が高いならば行ったほうがいいが，救うほうが死ぬリスクが高いと考えられる場合は行ってはいけない，という考え方です。本当

に救助しに行っても大丈夫かということをチームを組んで検討したり，訓練の中で繰り返しトレーニングしたりする。緊急時にどうしても助けられないと判断した場合は，命の危険を冒してでも無理に飛び込んでいくようなことはしない。それはもちろん苦渋の決断，断腸の思いでの決断になるわけですが，例えば津波が来ても，波が引いた後，応急処置やトリアージが必要な局面で救急の専門知識がある人が一人でもいれば，より多くの人を助けられるかもしれない。その前に無謀な救助を試みて共倒れになってしまっては，本来助けられるはずの命まで助けられなくなることにつながるから避けるべきだということを，震災後，南三陸町の消防から全国の消防に呼び掛けているのだという話を聞きました。

金井 あの震災があって，消防も変わっていこうとしているのですね。

大場 東日本大震災に限らず，さまざまな災害の中で，いざというときの責任の所在の話は出てくると思うんですね。でも，私が住んでいるような小さな町に行くと，行政，消防，病院や警察の人も，みんな知り合いになって，家族の顔まで知ってしまったりするわけです。お昼にランチを食べに行ったら，地域の警察官と席が隣になるなんてこともあります。そうなってくると，もちろん，職業として就いている分最低限のことをやらなかったら責められるかもしれませんが，想定外レベルのことが起きるのが災害ですから，そういうときは「なんだあいつ，助けなかったのか」みたいな話じゃないように思ったんですよね。むしろ「消防の命も同じ命だから守るべきだよね」みたいなことを想像できると良いなと。

　結果を人のせいにするよりも，そういう人の命も無駄にしないように，みんなが自分の命を守ることに全集中して正しい判断ができる世の中にすることが大事ですよね。行政とか国に批判したいことは出てきますけど，批判する前に自分はどこまでできるのっていうのを，常に考えて，批判や文句を言っていい立場なんだろうかと立ち止まってみることも大事じゃないかなと思います。

金井　今，SNSの中で批判する人たちも多いですからね。

大場　ただ声をあげてればいい，みたいな活動もたまに見えてしまうのが無責任に感じてしまうところもありますよね。私たちは本当に，きっかけはただ出会った人たちの話を聴きながら，みんなで考えたいというだけの活動でしたが，教育とかSDGsとか防災とかいうときに，みんなの「声」を聴きながら感じたり葛藤したりっていう工程を踏まないまま「防災やってます」「ＳＤＧｓに気を付けてます」みたいなことを言うのって，上っ面な感じがするし，一方的に批判したり決めつけてしまうことも違うなと，シリーズを振り返っても思います。

金井　シリーズを始めたときは，「SDGs」はこんなにメディアやアカデミズムを席巻する掛け声になっていなかったから。企業も，到達目標を掲げて「仕事化」していきました。もちろん，そうしないと実現できないのだけれど，ちょっとその前に，もう少し誰が誰を助ける，助けられないとかっていうようなことの，個別性みたいなものをちゃんと確認しながら到達目標，数値化されたものの実現っていうほうが，絶対良いと思うんですよね。

体に染みついている津波の記憶

大場　この本の趣旨である「防災教育」という意味では，私も仕事の中で災害が起こったときにどうするか，被災地支援をどう考えるか，あるいは，学校が避難所になる場合の避難所マニュアルみたいなものを生徒みんなで作る取り組みをしてきました。そこでいつも言うのは，マニュアル化し過ぎると応用が利かなくなるから，もちろんたくさん想定してシミュレーションして備えては欲しいですが，結局はそれらを網羅する大事なことを５つくらいあげられれば良い，ということです。極端な話，絶対外さない５カ条，まあ数字に意味はなくて１個でも10個でも何でもいいんですが，とにかく覚えられる程度の数で覚えておくことが大事だということです。

金井 「津波てんでんこ」が頭をよぎって，まずは高台に逃げた，みたいなシンプルな判断と行動につながることが大切ということですよね。

大場 「防災教育」という名目で何か話を聴いたり授業があったり資格を取っても，「命を守るって何だろう」とか「自分の人生の糧になるって，どういう知識・経験だろう」みたいなことは，受け手側も自分から問い直してキャッチしにいかないと，身にならない。でも，どうしても受け身のものが多いなという印象はあります。それに，防災士の資格を取って満足な人，SDGsに当てはまる活動だから満足な人もいるなあと。そういうシステマティックなものなのであろうか，と疑問に思うこともあります。実際に，私が防災士の試験を受けに行った際，自己紹介で志望動機を話し合ってみると，半分近くが会社や所属団体から取ってこいと言われたという理由でした。

　私たちだって，10年続けてきたらある種の節目なのは間違いないけど，そこで区切れるものかというと違うと思います。自分の心の区切り方での節目はあっても，なぜ震災復興は10年でいったん区切っていいものになっているんだろうって。そこは体系化し過ぎず，もっと人の気持ちとか，これからの未来のこととかを想像していってこそ，自分たちの生き方を細くても長く考え続けることになりますよね。「命を守るためにはどうするか」って，常に問い続けることにも，結果的につながっていくのかなと。

金井 シリーズでお話しいただいた方々は，「生き残りの人たち」だと改めて感じています。生き残れたのは，偶然でもあるけども，同時にその人の判断，そのとき「行くのか・止まるのか」，何を「するのか・しないのか」っていう判断を，自分で下したわけですよね。自分で判断するというときに，それまで，その人がどういう経験をして教養を積んできたか，いろんなものを総合して，判断がある。マニュアルも大事だけれども，最終決定するのは人としての自分ですものね。

　黎亜さんと防災教育を考える際に2人でよく話していたことは，その場にい

る人が未成年ばかりのときも，判断を迫られる事態は起こり得るということでした。大人の判断を待っていたら手遅れになるということもあるし，そういう判断を問われる瞬間に，その人の全能力を使って，その中で答えを出していく他はないということもあると。それをした人たちに来てもらって，そういう人たちは，全員，正解を出せたかっていうと，その後，ずっとそのときのことを迷っていたりする話も聞きます。それでもそのとき，それまでの経験や見聞，培ってきた哲学で判断して行動する，というのが，防災なんだと，改めて思うんです。

　そんなときに，過去の犠牲の上に紡ぎ出された，未来の幼い人・若い人たちへの遺言として，「津波てんでんこ」も捉えたいと思います。

大場　ここ数年，宮城でも大きめの地震が多かったので，それこそ夜中とかでもアラームや防災無線がずっと鳴り続けたりしたこともありました。昨年，日中に大きな地震があったときに，研修で町内の海沿いの施設にいたのですが，そこの所長の判断ですぐそばの高台に車で移動することになりました。車での移動が良くないこともありますが，そのときは混雑しそうになかったことや津波が来るとしても時間がかかるということを見込んでの判断です。

　私たちは一斉に車に乗り込んで高台に向かおうとしたのですが，近所でお散歩中だった若いお母さんと 3 人の小さな子どもたちがいたんですね。手を取っていて両手ふさがっているお母さんは情報も見られないしみんなに置いて行かれるしで慌てていて。ですから私たち夫婦の車ともう一人仲間の車に分かれてですが「いいよ！乗って！」と声をかけて乗せてあげることにして，私たちの車には上のお姉ちゃんと弟くんを乗せてあげました。「すぐ上でお母さんに会えるから，大丈夫だからね」と言ったら，お姉ちゃんが怖がっている弟に「大丈夫，すぐ上だから」みたいなことを言っている。母親も別の車に乗れたから，絶対に上で会えるっていうのが，その女の子には分かっていました。避難場所は車で 1 〜 2 分程度の場所だったので，すぐ親子は合流できたし，結局津波は来ていないですし，とても天気の良い日だったので高台からすごくいい景色を

眺めただけなんですけどね。

　でもその日の夜に，その旦那さんから，友達とかになってないのにFacebookで「妻と子どもたちを助けていただいてありがとうございました」とメッセージが来ていたんです。なんというか，大げさにも見えると思うんですけど，こういうときに気を緩めたら命がなくなるということが多分，体に染みついているんですよね。

金井　結局何にもなかったなら喜べば良いだけで，「結局何もないだろう」と思って何もしないでいると命を落とすということがあの震災の教訓なんでしょうね。

大場　はい。だから，あの地震を経験している地元の人たちは，津波が来ようが来なかろうが，これを習慣にしないといざというときの「てんでんこ」はできないっていうことがすごく染みついているのだろうと思ったし，大げさだと思った自分が恥ずかしくなったぐらい，これぐらい，やり続けなきゃ駄目なんだと改めて思ったんです。

金井　まさに，そのとき「行くのか・止まるのか」，何を「するのか・しないのか」っていう判断力を衰えさせないための習慣化ですね。

大場　夫は町議会議員なので，防災無線が鳴るレベルの地震が発生すると，まずは災害対策本部ができることを想定して夜中でも着替えはじめるんです。もし防災対策本部が立ち上がったら自分も行くのだ，と。でも一方で，自宅は高台にあって，役場に行くまでに一回低地部を通らなければいけないから，次は行けるかどうかのジャッジを冷静にするんですね。身の危険の可能性があるなら断念して高台の団地でできることに集中すべきだと。その判断のために防災無線やニュースに全集中しているときは，どんなに真夜中でもピリッとした空気が流れます。移住してから，津波に限らず台風のときとか，そういうときに

緊張感があります。

　あるいは，私は最近林業の世界に入り始めて山に入るようになりましたが，雨が続いた後に晴れたから山に入ろうかなと思ってると，大雨の後なんかは特に「山は水分含んでて，1週間ぐらいは行かないほうがいいよ，どこで滑って崩れるか分かんないから」ということを言われるんです。自然と共存する人たちの命の守り方って移住してから学んでいることが多いし，一次産業に近づけば近づくほど，教わることが多いですね。

人は忘れやすい生き物，だからこそ

金井　「人間って忘れやすいから」，と長さんが第1回の講演会で言ってくれたことを思い出しますね。津波からまだ半年しか経っていないときに，企業さんが支援のために配っていた水を，取りに来ない人が随分いたという話。津波にやられた後，飲料水を調達するのがどれだけ大変だったかということを，人はすぐ忘れてしまう。忘れはしないんだけども，生活の中では二の次になる。災害に遭ったときに，その人が自分自身の中に刻んだはずの教訓や悔いが，日常生活の中で，すぐに風化してしまう。それをどう，いつも磨いて，近くの人とも遠くの人ともシェアし合えるかが，防災教育の肝なんだと思います。

　次の章で岡部さんが語っておられますが，震災・原発事故を生き延びても，気がついたら限界集落になって，住む人がいなくなっていくのだとしたら，生き残った意味を問い直さないではいられませんよね。

大場　最初の0回に出てくださった澤井先生をはじめとして，このシリーズに出てくれた人たちはみな，いざというときに，マニュアルはマニュアルとして頭にあっても，自分たちがすべきことは何だろうとか，生きるためにはとか，乗り越えるためにはどうするかというのを，本能的に考え直せたみたいな人が多いと思っています。長さんも，決して説明は上手じゃないんですけど，海でやってる人だからかな，本質的な話をしているなあと思ったのが印象的だったんですよね。だから八木澤くんは多分，そのときのことをすごく考えに考えて，

実際に長さんもいる南三陸町にも来て，今「こういうことだったんだ」と向き合って整理してくれているんじゃないかなあと。

　こういう経験が，次，私たちがゲストの皆さんのように，いざというときどうすべきか切り替えて判断できること，そして，日頃から周りに目を向けたり，自然を感じたりできていくことにつながるなと思いました。まさに，自分が防災教育されたなって。天栄村の人たちも，それまでの経験の中で適応しながら生きる，共有しながら生きていくのだろうし，水俣の人たちも前からそれをしていた先輩みたいな感じだろうなと。

金井　面白いのは，天栄村の農家さんたちの様子見ていても，自分の息子さんとか娘さんっていうと，仕事を教えるのもすぐダメ出ししたり，照れたりされるんだけど，都市から農業体験でずっと通ってきている学生さんが相手だと，ちょっといいこと言えちゃったり，素直に伝えられたりしているところなんですよね。

大場　分かります。農家さんもそうだし，漁師さんもそういうところありますよね。

金井　第3回に来てくださった楠原さんも，黎亜さんみたいなボランティアさんのことを受け入れて，素直な気持ちを話してくれたのが印象的でしたね。

大場　楠原さんは"地元の車屋のおっちゃん"なんですけど，よそ者がいっぱい来るようになったこの町で「なんだ，よそ者が」と見るんじゃなくて，外の人を受け入れながら，交流しながら「これからはこういう付き合い方もいいんじゃないの？」というふうに，切り替えられた人だと思うんです。この前会ったときもいろいろ振り返りながら語ったんですけど，本当に，こういう人に救われたなと思うこともたくさんありました。

　あとは，八木澤くん含め同期の仲間たちにも会っているので「あいつら，遊

びに来ねえのか」って。「お手伝いとか何もなくったって来たらいいんだ，うちさ泊まればいいから」みたいなことをずっと言ってくれていて。金井先生のことも「元気か？」といつも言ってくれていますよ（笑）。

金井 またあのガレージで話してくれる楠原さんに会いに行きたいな。

大場 今は別の場所にちゃんと工場構えてお仕事されているので，先生が来たころよりも立派なガレージでお迎えしてくれますよ！

金井 それは必ず会いに行かなくては！……お互いに違う価値観を持っていて，だけどこの人にはその価値観を届けたい，受け取ってもらいたいと思った大事な気持ちや経験は，何気ない交流の中で積み重なっていって，言葉としても記憶としても残っていくのだと思いますね。

猪又さんという人

金井 最後に，最終回に来ていただいた猪又隆弘さんの話をしたいなと思います。私とほぼ，同世代なんですよね。あの状況の中で，あれだけの大規模なボランティアセンターを采配して，やり遂げられたこと，同世代として誇りに思います。有志の人たちに来てもらってボランティア組織を運営すること自体，大変なことなんですが，甚大な被害だから，長期にわたる継続的なボランティアの労力の確保が必要で，それをきちっと導入しようと思ったときに，企業の参加を，積極的に進めたところが，すごく特色があったっていうふうに認識しています。同時に，最初はただ，極めて個性的なリーダーさんだというお話のほうを先に聞いてたので，直接，お目にかかるのには少し，緊張していました。

大場 猪又さんって，ボランティアセンターのセンター長としてずっと駆け抜けてこられた，今につながるすごい功績を残した方だと思っています。最年少リーダーとして私がいたときも，結婚式も来てもらって町民になった後も，

ずっと勝手に（笑）親父面してくれました……ときにたくさん叱られもしたけど，守られもしたなあと今となれば分かるところが多々あって。

　なんというか，猪又さんって一言で表すと「頑固親父」なわけです，愛情を込めて言いますけど（笑）。多分先生の言う，その世代の男性リーダーらしいリーダーだったのではないでしょうか。だから，その世代と合わない人は，なんでこんな怒られるんだとか，なんでこんな言われ方するんだって思うこともあったでしょうし，いろいろ揉めたこともありましたけれど，でも，今問題視

される「セクハラ」「パワハラ」とかっていうのと，近いようで違うと思うんです。もう，本当に「親父」なんです。「親」「父」のあの親父。

　その親父は，2018年に突然，急病で亡くなってしまったんですけど……。

写真 3 - 1　第13回・シンポジウムで講演中の猪又さん

金井　黎亜さんにとっては，かけがえのない大切な存在だったのでしょう。

大場　ボランティアセンターが閉まる少し前くらいの年からでしょうか，結婚してからも続きましたが，夕方になるとたまに電話がかかってくることがありました。必ず晩酌する方だったので，決まって晩酌しながらだったのですが，ちょっと酔っぱらっていて，何かの文句を聴いたり，相槌が悪かったようでお説教みたいになったりすることもあって，「もう！テレビ観てたのに！鬱陶しい！」なんて思っちゃうこともあったのですが，亡くなってしまうと，すごく寂しいんです。それって親に対してちょっとうるさいな，みたいに思うのと，近しいものがあって。それに，そういうときにだけぽろっと出てくる優しい言葉や弱音みたいなものもあったんですよね。だから猪又さんのあのリーダー

シップっていうのは，外に出てるとき強がってツンとしていることもあるけど，本当は大事に思ってくれていたり，本当は気にかけてくれているから連絡するんだけど，声を聞き始めてしまうとまたツンってしてしまったりっていう，可愛い頑固親父だったんだなあと思うんですよね。当時から分かっていたつもりでしたが，亡くなってなお，それを強く思うようになりました。

　ただ，そういう人が南三陸町の災害ボランティアセンター長だったということは，その後の復興の歩みに大きく影響があったと感じています。

金井　良い意味で，家父長制の中の父親像らしい猪又さんって，牽引力もある一方で，物事を進める上でぶつかることも多かったのではないかと思いますが……。

大場　そうですね。割と言葉は強めですし，叱るし（笑）。でも大分未来を見据えていつも物事を考えていたように思います。まあ，不器用なところもあってそう見えないところや実際に見えていないところもあったのかもしれませんが，猪又さんだって完璧な人間ではないと思いますから，それは誰がやってもそうであって。まずはみんなが，

写真3-2　第13回・シンポジウムで講演中の猪又さん

猪又さんというリーダーを受け入れようってとこからだと思うんですけど，猪又さんなりに，私たちのことを受け入れようっていうのも葛藤してくれたんだなっていうのを，猪又さんが打ってくれた布石を振り返ると，思うところがあります。

　私との付き合い方も，最初は本当によそから来た大学生に接しているだけ

だったのですが，ボランティアリーダーの仲間入りをしてからは，振り返ると
そんなことばかりだったなと。当時大学生だった私にも，ぶつかったらちゃん
と話をしてくれました。「結局，お前は何の目的でここに来てて，何がしたい
んだ？」ってことを聞いてくれたというか。慣れない頑固親父の説教食らって，
まだ20代になったばかりの私も「ふん！」ってなるときもあったりしました。
でもそこからまた，長く頑張っていると，認めてくれたり。

　私がしてしまったことのせいでしばらく話しづらかった時期もあったのです
が，猪又さんから再び向き合ってくれたときがあったり。親子かって（笑）。
だからシンポジウムの日に，午後からだったんでお昼を一緒に食べようと思い，
「早稲田で何食べたいですか」って聞いたら「美味しいラーメン！」と言われ
て，早稲田の周りで好きそうなラーメン屋をいくつか探して選んだお店で，2
人カウンターに並んで食べたラーメンが……なんというか，一番感動したんで
す，私は。「親父と一緒にラーメン食ってるよ，私」みたいな。なんか，シン
ポジウムよりも，そっちのほうが感動したぐらいで……立派な方ですけど，そ
ういう人なんですよね，猪又さんって。

猪又さんを取り巻く「声」に想いを馳せて

金井　シンポジウムでお話をしてくださった，猪又さんの描いていた町の未来
の話，福祉の話，震災の教訓の話からも，やはり企業を巻き込んでこれだけの
ことをしてきたのはすごいことだなと思いましたね。

大場　彼のリーダーとしての姿から学んだことはたくさんありました。猪又さ
んって一人親方に見えがちなんですけど，めちゃくちゃ話聞いてると思うんで
す。中の「声」を聞いて，その「声」を外に出して，その結果の「声」をまた
中に持ち帰って，町が目指すべきはこっちじゃないかなって。一歩先を見据え
て，一歩先を見ているからみんなを「こっちだぞ」って強引にでも引っ張ろう
とするんです，それについていけない人は，なんでだってなるんですけど（笑）。

　生き方とか，人柄とか，不器用なところとか，強引なところとか，全部ひっ

くるめて，彼にしかできないリーダーだったなと。人の顔色ばっかりうかがって万人受けするようなリーダーだったとしても，違ったんじゃないかなと思います。だって地方の本当に小さな町の，社協の，震災当時課長から後に事務局長となるわけですけど，その人が，東京の有名な大手企業の方々と物凄いネットワークを構築して，企業さんたちが猪又さんに挨拶に来るたびに思い描くまちの未来を語って，それをカタチにしようと企業さんたちも動いて……。それができるのが，猪又さんの凄いところですよね。

　あえてこういう言い方をしますが，中央の皆さんが，地方の猪又さんをきちんとリーダーとして認めて，リスペクトしているのが，私にも伝わって見えていました。もっと弱いところもあったのかもしれないなとか，もっと「ふん！」って思わずに愚痴とか聞いてあげれば良かったなとか，今になれば思いますけど，人間味がすごくある人でした。だからこそ愛おしくも思う頑固親父として付いていけたなと。でも近くにいないとなかなかそれは分からないと思うんですよね。

金井　この10年間，地方に通う中で，本当に限られた人数で場を維持していたり，問題解決しなければならない状況があるんだなと気づくことがありました。都会だと，一緒にやるのがどうしても無理となったら，人数も多いので，降りる選択肢がなくもないのだけれど，小さな共同体の中だと，こっちが理解してもらうことやこっちが理解することを，どこまでも諦めずに対話を続けないと，その場を維持できない。都市部が大規模災害に見舞われて，社会背景も文化も違うっていう人たちが極限の状態に置かれ，ぶつかり合い，引くに引けない抜けない状況が起こったときに，そうした粘り強い綱引きができるかしらということも，考え続けています。その人が今，見せている正面からの顔には，見る角度によって異なるプロフィールがあることに気付けるかどうかが，まず理解の第一歩だと思います。

　猪又さんからは，南三陸に行ったときにもゆっくりとお話を聴く機会がありました。ご家族が津波に呑まれて消息が分からない状況下で，リーダーシップ

を発揮しなければならなかった苦衷に思い至り，自身を鼓舞するために「強さ」が前面に押し出されたことにも思いを馳せていました。声が聞こえる，顔の見える関係性の中で，その人がその時期，折れずに貫き通したことや，その思いを受け取りながら，果たせた充実感と，解決がつかなかった悔恨を一緒に受け取らなければならないとも思いました。

大場 その話をされたのは，もしかして私の結婚式のときですか。

金井 そうそう。結婚式の後に，猪又さんとご一緒させていただいてね。あのときの話を受けて，自分が東京都とか，新宿区とか，熱海市といったところで避難を余儀なくされたとき，顔や声を個別に認識できるような人とのやり取りもないまま，少しでも打開策を考えられてるかっていうと，その基盤になるものをどれくらい身のうちに取り込めているかが，動き出す契機になるなと思ったんです。

大場 私が親父のように見て接してきた猪又さんの「声」と，多分同世代の金井先生にだから話した猪又さんの「声」，それぞれの「声」から猪又さんのことを振り返ると，またこうして私たち自身が改めて学ばされることがありますね。シリーズ「被災地の声を聴く」は，こうしてまだ続いているんだなと，改めて「声」が交わされる毎に深まっていくことを感じました。

金井 このシリーズの中で，高校生時代のことを語ってくれた人から，自分のキャリアの最後の頃に大きな出来事があって，葛藤した人やら。気がついてみたら，男女もだし，若い人から年配の方まで，いろんな人とやりとりできて。でもこれがもっと日常的にやりとりができたら……と希いますね。

第 4 章

震災後，地域に生きる
それぞれの歩みの中で

　東日本大震災から11年の歳月が経過した。被災地は歩みを止めていない。そこで暮らす人，生きる場所を新たに見出した人，思いがあって遠隔地から繰り返し来訪する人など，それぞれの暮らしがあり，夢があり，新たに着手したこともある。

　今の思いをその方の語りで受け取りたい。

　現地に赴いてのインタビューに加え，またコロナ禍の動向もあって，リモートでお話を伺ったものもある。お一人からは，聞きたいことを手紙に記して，返信を頂戴した。

（金井景子）

1. 選択肢を持ち，胸を張って生きる——語り部の経験から生み出したいもの（宮城県南三陸町　田畑祐梨さん）

　私が彼女に初めて出会ったのは，まだ志津川高校に通う高校生として「まずもって　かだっからきいてけさいん」という高校生団体を立ち上げ，一生懸命

写真4-1　高校生時代,語り部活動をしていた田畑さん

語り部活動をしていた頃だった。当時まだ私も早稲田に在学中で,その後,金井先生と「シリーズ被災地の声を聴く」を企画することになり,数名あげた南三陸町から聴かせたい"声"の一人に,私は彼女を選んだ。

　彼女が当時から,震災を経て経験した葛藤や後悔,そしてそれでも諦めたくない希望を持って,模索しながらもまっすぐに私たちに伝え続けてくれていたのが「"ありがとう"と"だいすき"は,聞いて傷付く人のいない魔法の言葉」ということ。そして,その言葉を大切にし,伝えることが「一番身近で手軽にできる防災」ということだ。彼女との出会いから10年ほど経ち,今回この本をまとめるに当たって,改めてそんな彼女が何を思い,どう過ごしているのか,今の"声"を聴きたくなった。「リモートで久しぶりに近況を教えてよ」と連絡したところ快く引き受けてくれたため,金井先生も含め3人で久しぶりに顔を合わせた。

金井　ご無沙汰してます。もう立派な社会人ですものね。今,祐梨さんは何の仕事をしているんですか？

田畑　先生,ご無沙汰しております。私は今,東京でエンジニアの仕事をしているんです。実は,結婚もしたんですよ！

——このやり取りを聞きながら,私も彼女が籍を入れたらしいということは聞いていたものの,これまでの彼女と"エンジニア"というワードが最初は容易に結びつかなかった。エンジニアと一言に言っても,具体的に何を生み出しているのか,何の技術者であるのかは分かりにくい。そこで,金井先生はさらに

彼女に「祐梨さんがエンジニアとして働いている経緯というか，なぜ今その仕事をしているのかというのは，教えてもらえますか」と質問した。出会った頃はまだ大学生だった彼女の選択に，興味津々だったようだ。

田畑　私は，元々都市部と地方の教育格差をなくしたいと思っていたんですよ。まだ高校生の頃も，志津川（南三陸町内の地区名）にいたら分からないことがたくさんあって，外に出て世界を知らないといけないと思っていたんです。ここにいるから分からないなんてずるい，もっと選択肢があるはずなのに，知

写真 4 - 2　早稲田大学での講演後友人たちと

らないだけで選べないなんてずるい。私は割とそうやって負の感情を持ちがちだったんですけど，実際はそれがエネルギーになって「大学に行きたい」「学びたい」そして「世界のことを知りたい」と思い，日本大学の国際関係学部へ進学することができました。

　学部時代に世界のことを知る機会を得た分，卒業する頃には改めて日本のことを知りたいと思うようになったんです。そこで，就職は国内の人材会社に勤めることになって，さまざまな職種があることを知ることになりました。「私たちの生活の中にこんな仕事があるんだ」「こういう技術があるおかげでこれが生まれるんだ」と驚くことも多くて。私は，子どもたちにたくさんの選択肢を持ってもらうために，世界のことや仕事を知ろうと思ってきたので，次はその夢を仕組みにしていけるように，私自身がエンジニアになることにしました！そのうち「自分も何かを生み出せる側になりたい！」と強く思うようになって，結果的に今，エンジニアという仕事に就くことになりました。

金井　エンジニアっていう職業はもちろん知っているけれど，知っているよう

で実際にどういう仕事かよく分かっていないところがあります。デザイナーとはまた違うものね。

田畑 エンジニアにもいろいろいると思いますが，どちらかというとデザイナーのデザインを基に，実行するためのカタチにしていくのがエンジニアの仕事かなと思っています。さまざまな根拠やイメージを基に，どんな施策を取るのが良いか，どんなサービスにしたら良いか，お客様の叶えたいことに対して，何も考えずにイエスマンになるのではなく，エンジニアとして対等の立場にたち，より良い方法があれば提案する，伴走する，というイメージですね。

——私がまちづくりに関するコンサルタントをしていたからか，立場は違うものの，少し似ているような気がした。私の務めてきたコンサルタントの仕事も，さまざまな他の技術者がいる間に入って，地域のためにそれらの制度や技術を活かしながらどうすべきかを考え導いていく仕事だった。彼女もそういった何かと何かの間に入って生み出していく仕事を選んだのだと思ったら，急に親近感が湧いた。
　一方で，それでも彼女がエンジニアを選んだ理由がピンとは来なかった。とはいえ私も彼女のイメージは語り部活動時の印象が強く，正直彼女のことをよく分かっているわけでもない。その「間に入って何かを生み出す」という仕事にたどり着いたのは，彼女の熱心に取り組んできた語り部活動とつながっているのだろうか，と興味が湧いた。

田畑 語り部の活動自体は大学卒業と同時に終えましたが，そのときも今も思っているのは，やってきたこの語り部活動を今後どうしていくのか，そして伝えてきたことを後世にどう伝えるか，伝えるためにどう人を育てていくか，ということを考えています。語り部をし続けていても「私しか喋れなかったら意味がないな」と思ったんですよね。例えば，私一人では100人までしか伝えられないとしても，2人いれば200人に伝えられる。もっと語り部がいないと

伝えきれないし，語り部と語り部して欲しい人が出会えるプラットフォームも必要だと思ったんです。

金井　そのプラットフォームというのは，具体的にどのようなものでしょう。

田畑　東京に出てきてから出会った周りの人たちは，東日本大震災

写真4-3　学生時代さまざまな語り部活動をしてきた

という出来事は知っていても，詳しいことやその後のこと，私の地元のことを知らない人がたくさんいました。今の状況や知るべきことをきちんと伝えられる人はどれほどいるのだろう，と思いました。同時に，知りたいことがあったときに，誰に聞けば分かるのだろうとも思いました。私が語り部をしていたときも，私が語れることを語っているわけですが，相手が聞きたかった内容とずれがあると，そのずれを感じてしまうこともあったので。

金井　それってきっと，語り部さんとしても聞きたい側としても，どちらにとっても気まずい空気が流れますよね。そういうのを上手く調整してくれる存在っていないのかしら。

田畑　今では，南三陸町なら観光協会さんなどが間に入ってくれていたりしていますよね。私がやっていた当時から協力いただいていましたが，今ではより一層強化して語り部プログラムをマネジメントしてくださっています。高校生のときは，高校生なりにチームを組んで数名で語り部をし，ＴＶで宣伝したりマネジメントしたりもしていました。あの経験があったからその後も続けられたし，やる意義も，今なら経験談を踏まえたより良い体制もイメージが湧きますが，その方法が分からない人は語り部をやらなくなってしまうし，やる意義

も分からなくなってしまうことがあると思います。だからこそ，語り部側に必要なサポートをして，語り部に求めるニーズもマッチングしてあげられるような場を生み出したいなあと将来的に思っているんです。全国各地にいる語り部やこれから語り部をしたいという人たちを応援していきたいんですよね。

　私自身は，高校生のときに大人に反抗したり自分で葛藤したりしながらもがむしゃらにやってきたのですが，たくさん実践してきました。その分，どう話せば良いかとか，どういうことが壁だったかとか，そういうことが分かります。逆に言えばそういうことしか分からないけれど，今度はその経験を活かして貢献できたらいいなと思っています。

——なるほど，彼女の"エンジニア"としての仕事で目指す先には，語る側と聞く側の間をマッチングするためのサービスを生み出すことにあったのか。語り部というのは，話す相手によって話し方を変えてみることや工夫することも必要である。一方で，語りを本職としたプロではない。あくまでもその人の個性や想いを尊重して語ってもらうことが語り部である。だからこそ，強要することなく，それでいてお互いが気持ち良く成り立つようサポートできるような場を築きたいのだ。

　それから，私も当時から気になっていた，語り部の立場についての話題になった。ボランティアとして通っていた私にとっては，町で出会った語り部さんたちはさまざまなことを教えてくれる貴重な存在だった。こちらからの依頼を受けてお話をしてくれる。辛いことも，時には涙ぐみながらも語ってくれる。もちろんお話は上手で，ちゃんと胸に響くものがある。だからと言って，彼らはそれが本業の人ではなく「私の話で良いならば」と地域のためや来てくれた人のために協力しているという印象だった。実際，謝金も多くもらっているわけではないことがほとんどであり，私と立場は違えど「ボランティアでやっています」という方もいた。実際に語り部として活動してきた彼女は，そのあたりをどう思っていたのか。

田畑　語り部への対価も考えないといけないと思います。決して語り部で儲かるようにとかっていうことではなくて。ただ決められた時間おしゃべりしているだけなのではなく，相手に伝わるような語り部をしようとするときに，さまざまなことを思い出しながら準備をし，時には身を削る思いで語っている人もいるわけなので，それを分かってもらうことも必要だと思うんですね。学生やボランティアこそ対価が見落とされがちなんですけど。

金井　私たちが「シリーズ被災地の声を聴く」にしろ今回の本にしろ，日頃の取り組みの中でも大事にしている「防災教育」を考えるとき，今の「語り部への対価」問題はとても大切なことであり，しっかり向き合うべきことのように感じました。当たり前に語ってもらえると思って聞くことも間違っていると思うし，かといって「いくらですか？」と聞くのも失礼なことですよね。

田畑　「いくらですか？」と聞かれるのは難しいんですよ。そもそも相手のリクエストに応えられるかもやってみないと分からないところがあるし，お仕事みたいに「このプランはいくらからです」と設定しきれないところもありますから。でも，活動を始めた当初は右も左も分からず，逆に聞いていただけるだけでありがたいと思っていたので，謝礼など恐れ多くて受け取れないと思っていました。考えが変わったのは，震災後に支援でヘアカット無料のボランティアさんが来たときです。実家が美容室なので親が「仕事がなくなってしまう」と呟いていたのが印象的で，何事も無料なら良いということではなくて，価値あるものには対価があるべきなのではないかなと思うようになったんです。

――また，彼女が語り部活動を続けている中で，講演後に声が小さかったことを10分間叱られたことがあるというエピソードも話してくれた。「学生だったので，恐らく下に見られていたんだろうなと思いますけど……」と話す彼女に，大場も学生時代に災害ボランティアセンターのリーダーをし，効率が悪いと叱られたり，学生の指示に従うのが嫌だったのか話を聞いてくれなかったボラン

ティアさんがいたことを思い出した。とはいえボランティアとは違い，語り部というのは，苦しいことを話すためにエネルギーもいるし，そのための準備もしてくる。伝えたいという想いで役割を担っている一方で，何かを犠牲にしながら，あるいは犠牲にならないよう保ちながら，精神的にもコントロールしながら語っていることもあるだろう。彼女も「語り部も相手が何を思って聞いてくれるか想像しながら準備するが，聞いてくれる人たちも，相手が何を犠牲にして話しているのか，想像力が必要だと思う」と話した。

とはいえ，語り部は経費の計算も価格設定も難しい。対価が見えないのが語り部だろう。けれども無料の価値ではないはずだ。この葛藤と「語る人―聞く人」の狭間で，身をもってさまざまな経験をしてきた田畑祐梨。彼女にしかできないエンジニアがあるのだと，ここまで聞いて，彼女が選んだエンジニアという仕事への想いと姿勢が腑に落ち，それを実現させる未来の彼女の姿が見えたような気がした。

ここまで聞けば"エンジニア"としての彼女も魅力的だが，一方で，社会人になってもう語り部活動はしないのかということも気になった。今日の話を聞いているだけでも，彼女の語りはやはり魅力的で興味深く，これからも何を思うのか聞きたい気持ちになった。

田畑　ちょうど震災から10年目の頃に，地元の先輩後輩と一緒に，オンラインでの語り部やトークイベントなどを久しぶりにやりました。私，そもそもFace to Face にこだわっていたからオンラインは嫌だったんです。あと，他人に自分のことを文章にされるのも好きではなかったんですよね。自分の意図とほんの少しでもずれていると，それはもう私の想いや私の言葉ではないなと思ってしまって。「私のこと知らないのに」「そういうことじゃないのに」と思うことも多くて。そういうこともあって，対面より伝わりにくいリモートも嫌だなあと思っていました。でも，コロナ禍という状況もあって，そうも言ってられなくて。

どんな状況であれ，10年というタイミングでも伝えたいことがあるという

気持ちが勝って，オンラインでの
企画に取り組んでみたんです。た
だ，やってみたら思っていた以上
に，伝えたい気持ちと伝え方が分
かればオンラインでも伝えること
ができると実感しました。こだわ
りや偏見のようなものはありまし
たけど，語り部の在り方も変わっ
ていくのを感じたし，意固地にな
らず，時代に合った伝え方も実践
していく必要もあるんだなあって。

写真4-4　対面での交流活動を大事にしてきた

——私も同じような葛藤をコロナ禍で抱えていた。リモートワークそのものは
コロナ禍以前から日常的に行っていたが，大事なコミュニケーションについて
は仕事でもプライベートでも対面での交流を大事にしていた。そんな私にとっ
ても，Face to Face を制限される生活は公私共にやりがいもやる意義も分か
らなくなりかけて，モチベーションが下がっていく一方だった。しかし，この
中で誰よりも先にオンラインでの実践を切り開いていたのは金井先生だった。
もちろん金井先生も対面重視ではあったが，早稲田大学の授業も完全リモート
にせざるを得ない状況となり，先生が毎年企画していた天栄村への交流イベン
トもできなくなり，という中で，オンラインででもつながろうとさまざまな実
践を広げていったのである。「レイアさんはオンラインでも伝えられるから
やっていけるわよ」そう背中を押してもらったことがきっかけで，私もオンラ
イント上での仕事を広げ，南三陸オンラインツアーや自主イベントも展開させて
いくことができた。
　私にとっての金井先生のような存在が，彼女にとってもそのタイミングで
「一緒に語ろう」と集まった，私もよく知るその仲間たちなのだろう。手法
云々よりも「伝えたいこと」があるのかどうか。そして，今伝えるためにでき

るベストな手段は何なのか。みんな葛藤してこの数年を過ごしているのだろうと改めて思った。その上で，私もそうだが，彼女も自分が大事にしてきたFace to Faceでの触れ合い，距離感を忘れたくないのだろう。そういう彼女がエンジニアとして作り出すものは，きっとあたたかみのあるものなのだろうと想像するし，それが彼女の語り部の活動からつながっていっている仕事の仕方なのではないかと思った。

金井 祐梨さんは，後輩たちに何か伝えたい想いはありますか。

田畑 これからの子どもたちに，もっともっと選択肢を持ってほしいです。私は震災で，大切な先生を失いました。結婚するにあたって，その先生が生前，私の結婚式をするときにはスピーチをしてくれると話していたことを思い出しました。もうそれが叶わないことはとても悲しいことですが，先生との出会い，別れがあったから，今があります。後悔もたくさんあるけれど，その先生に恥ずかしくない，胸を張った生き方をしていきたいです。だから，胸を張って選択していきたい。みんなにも諦めずに自分の選択をして欲しいです。

　私は震災後，親の反対を押し切って進学したことも，今の仕事に就いたことも，結婚を決意したことも，自分の選択は間違っていないと思えています。だから，今はハッピーです。

金井 人それぞれだろうとは思うものの，これまで私もいろいろ震災で被災した地元から外へ出てきた方とご縁があって，中にはそれを後ろめたく思って悩んでいる方にも出会うことがあったけれど，今祐梨さんが，もちろんいろいろ乗り越えた上でしょうけれど「ハッピーです」と言えていることが印象的でしたね。

田畑 当時，テレビで「復興，復興」と騒がれているのに，私の家の跡地が雑草だらけのままだったことがショックでした。復興予算なんてよく分からない

けれど，きっとしがらみがあって動けないんだろうなと。それがきっかけで，大人ってくだらないなあ，できないなら私たちがやるしかないなあ，なんて思ってしまっていました。でも，そのときのその悲しさや悔しさがあって，そんな大人に頼りたくないって思う時期もあって，いろいろ動いたり選択をしてきた結果の今です。

　実際，私は地元は大好きなんですけど，それでいて南三陸町にいるのは息苦しかったし今も息苦しいことがあります。みんなに知られているのは，良い面もあれば苦しいこともあるんですよね。本当はもっといろんな選択肢があったようにも思いますが，それを知らなかったから，これからはもっと知ってもらって，もっとのびのびと，胸を張って，自由に選択できて欲しいです。そして，学がなくても，お金がなくても，頑張れば何にでもなれるんだよ，ということを伝えたいですね。田舎だからできないことなんて，何もないということを伝えるため，私も自分の夢を叶えていけるように仕事を頑張りたいと思います！

――最後に，私は彼女にこんな質問をした。「祐梨ちゃんにとって“語り部”とは？」

田畑　語り部は「自分の言葉を紡ぐ人」だと思っています。誰一人同じじゃない。自分の言葉で自分の想いを伝えられる人たちのこと。その想いを紡ぎ出したり，語れるまでの背景にも，やはり対価があるべきではないかと思います。

――お開きの際に，彼女とは逆に東京から南三陸町へ嫁いだ私に対

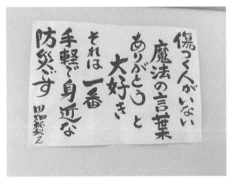

写真4-5　田畑さんが大事にしている言葉

して「黎亜さんも息苦しくなったら，休んでくださいね」と言ってくれた。彼女は，ひとまず語り部活動は終わったと言っていたがこれからもずっと語り部であり，何かを生み出し続ける人だろうと確信する再会となった。

（大場黎亜）

2. 米作りを続けることは風景を守ること，そしていつか叶えたい夢がある（福島県天栄村　岡部政行さん）

　2011年12月4日に放送されたETV特集「原発事故に立ち向かうコメ農家」に，岡部政行さんが会長をつとめる「天栄米栽培研究会」の「放射能ゼロ」を目指す米作りが取り上げられた。

　ミネラル豊富な水と，中山間地域ならではの高低差のある田んぼの特色を活かして，日本全国の米農家がお米の味を競い合う米・食味分析鑑定コンクールにおいて「天栄米栽培研究会」はそれまで3年連続金賞の受賞者を出しており，岡部さんもその一人だった。

写真4-6　吉成さん（左）と岡部さん（右）

　原発の爆発で飛散した放射性物質は，天栄村の田畑にも降り注いだ。天栄村は福島第一原発からおよそ70キロの位置にある。田んぼからは1キロあたり1,000ベクレルを越える放射線物質が測定されたが，幸い作付け制限はかからず，美味しい米作りを推進していた天栄村役場産業振興課課長で「天栄米栽培研究会」の事務局長でもあった吉成邦市さんを中心に，岡部さんたち農家は，今度は「安心・安全な米作り」をミッション

として，2011 年も作付けを諦めなかった。放射性物質による汚染を田んぼから取り除くために，専門家の知恵を結集して，さまざまな作業が展開され，その後も 9 年連続で研究会から金賞受賞者を出し続けたのである。

　岡部さんに早稲田大学で講演「放射能ゼロ，食味世界一の米を作る——四年目の収穫を終えて」をしていただいてから，8 年が経った。この 8 年間は，安全・安心のお米作りを一貫して推進されると同時に，岡部さんご自身が二度目の金賞受賞を果たされていた。

　それともう一つ，岡部さんは，この間に，私の予想を超えた方向で，長年の夢を果たされていた。吉成邦市さんにも参加していただき，その経緯を語っていただいた。

金井　「天栄米栽培研究会」の会長を終えられるのと前後して，岡部さんが湯本の耕作放棄地を復活されたのには，驚きました。

岡部　震災の前からですけどね，湯本に行くたびに，満田という地区ですが道路も綺麗で田んぼの区画もちゃんとしてあるのに，稲が植わってねえのが不思議だったんです。作らなくなって 5 年も経つと，雑草だけでなく，柳の木まで生え出していてね。私の子どもの頃には，季節ごとに稲が育っていくのが道路からもよく見える，村の景色の中でも大好きなところでした。

金井　2014 年の春先に湯本にご一緒したときに，道路から持田地区を見て，「あそこの風景，取り戻したい」っておっしゃっていたのを思い出します。

岡部　村の米・食味コンクールの会場で，たまたま隣に座った湯本のキンジさんに，「あそこ，誰もやらねえのかい？」って声をかけたら，仲立ちをしてくれて，あの場所を借りられて稲作を再開してから，今年で 6 年目になります。最初，田んぼを 5 枚借りてやっていたら，周囲の人たちからも「借りてくれ」と頼まれて，今は 10 枚，湯本だけで合計 6 町歩ほどになりました。

写真4-7　水俣の茂道にて,恵比須に似た岡部さんと

あそこは10軒ほどの農家さんが,それぞれ先祖から受け継いだ田んぼをやってたんですが,山あいの兼業農家だから,だんだんやりきれなくなって,作物は植えずに,草刈りだけという状態から,やがてそれも困難になっていました。実際に5枚田んぼを借りて作業を始めたら,ぬかるみになりやすい難しいところで,大型の農機具を入れて,土壌なんかも改良していかないとならないことに気づいたんですね。

吉成　震災の10年くらい前には一度,耕作放棄地になっていたところの,木を伐り倒して田を起こすところまでは村の中山間地域の補助事業としてやったんですけどね。皆さん,兼業農家だから,条件が悪いところは手が回らなくなり,耕作しない年数が重なってくると,結局作れなくなる。湯本は,山あいの温泉地でもあるので,そこの風景が耕作放棄地になっているのは,観光の資源としても困るから頑張ってほしいと産業振興課からお願いしたのですが,やはり難しかった。

　十数戸の農家がいて,動き出せなかったのに,岡部さんが借りるようになってから,重機を入れて開墾し直して,今は元の風景を取り戻したものね。

金井　国道沿いの田んぼが,耕作放棄地からやがて林に,そして森に還っていくとなると,果たしてこの先,若い人が地域に暮らし続けることもできるのかと不安になりますよね。今,日本の各地で起こっている現象だと思います。また逆に,そこが目覚ましく風景を回復するのが可視化されると,「まだ,ここで生きていけるかも！」と思えますよね。

岡部　地区の中の誰かが，代表して大きな機械を入れたりしてまとめてやれたら良かったのかもしれないけれど，皆さん，兼業だと新たに大きな借金して，話し合いの時間も作って，作業の日程を合わせてということが，なかなかね。
　むしろ私は湯本からしたら「よそ者」だから，結果的にまとめて任してもらってやりやすかった。

金井　地元学のキャッチフレーズの一つに，「よそ者，若者，馬鹿者」が地域起こしのキーパーソンになると言われて久しいですが，同じ村内でありながら，異なる地域の「よそ者」――とはいえ，代々専業農家として，いろんな取り組みをして来られた人が「風景を取り戻す」という思いで着手されるというのは，新しい試みですね。

岡部　正直，湯本は私の家からは25キロも離れているので，行くのに40分以上かかる。早く鳳坂トンネルが開通しないかと心待ちにしています。やっぱりこっちの仕事がまず終わってからあっちだから，田起こしも田植えも稲刈りも，私はずーっとやってて，終わるのはいつも村中で一番遅い。湯本では，田植えが遅くなりすぎて，田起こししたのに作付けできなかったところもあってね。行ったら，いろんなことを効率よく進めたいから，トレーラーも大きいのを新しく買いました。70代でまた借金して，毎年車検で大変です。

吉成　岡部さん，池田さんの存在も励みになってるでしょう。この間，急に岡部さんがウチに現れて，「ナス。出荷したいんだけど，箱，あったら融通してくんねいかい」って言うから，「忙しいのにナスまで始めたの？」って驚いた

写真4-8　米食味分析コンクールを前に

んですが,「池田くんが拵えたナス,一箱でも出荷してやりてえから」って。

岡部 池田くんは,自分で作った野菜で料理をする飲食店を出す夢を持っていて,農業研修のためにウチに来ている若い人です。湯本の稲作の手伝いをしてもらっていますが,合間には野菜作りも教えて。そうして野菜ができたら,やっぱりちゃんと出荷して人様に食べてもらえると嬉しいでしょう。

金井 池田さんが育ったら,巣立っていって,また次の学びたい人がやって来る——小さな農の学校ですね。

金井 原発事故後に,「天栄米栽培研究会」の会長さんとして,事務局長の吉成さんと一緒に取り組まれたことを振り返って,どんな風に活かされていると思うか,お話を聴かせてください。

岡部 原発の事故が起きて,それまでやっていた「なるべく農薬を使わない,有機無農薬の,世界一美味しい米作り」の営みが,もう続けられない,田んぼも畑も汚染されて,みんな終わりかもしれないと,3日間くらい放心状態になって居間のコタツから出られなかったですよ。
　3日目に起き出して,ともかく吉成さんに相談に行こうと役場に行って。「どうしたらいいんだか」って話したら,「大丈夫,何とかなる。考えがあるから,今年も作付けする」って返事をもらって,それからは,吉成さんを中心に,栽培会のメンバーで,あっちこっち見学に行ったり,話を聴いたり,放射能が上がらないような提案をしてくれる外の先生たちの言うやり方で資材を試してみたり,ね。やれることは皆やりました。そういうことの中で,不安はだんだんなくなっていきました。
　ともかく,良いことは何でもやろうと思って,あっちこっちに出かけて行き,いろんな人に出会ったことで世界が拡がった。あのまま,家や村に閉じこもってだけいたら,不安はどんどん大きくなって押し潰されていたかもしれません。

　いろんな人に意見を聞いて，前にも増して田んぼでいろんなことを試すようになったのは，一番大きな変化ですね。

金井　私が岡部さんにお目にかかった最初の頃，岡部さんは60代に入ったばかりでしたが，この10年は，守りに入るどころか，「天栄村の農の風景を作る」チャレンジをどんどん推し進められていますね。

岡部　農業の道に入ってから，「自立したい」というのが夢でした。それには，耕作面積を増やして，規模の拡大をして経済的に成り立つようにと心がけてきました。あの頃は7町歩（1町歩＝約1㌶）くらいだった農地も，今は，自分のところで13〜4町歩，湯本で6町歩で，合わせて20町歩くらいにはなりましたが，ご存知の通り，米価がどんどん安くなって，とりわけ福島は厳しいです。

　歳もとって，正直カラダもきついですが，この頃一番に考えるのは，「土地を大切に使っていきたい」ということです。原発事故を乗り越えて，農業を続けていけて，美味しくて安全なものを作ることができているのが嬉しいことですよね。

　でも，草刈りが年々，キツい。「あぁ，あそこ，作ってなくて草ぼうぼうで，嫌だな」と思うと，声がけして田畑を借りたりするんだけど，畦やそこへ行く道の草刈りがね。除草剤撒いたら簡単だけど，農薬，嫌いだから。

　これからの夢？田んぼを次の代に渡せたら，湯本で有機無農薬の野菜を作りたいです。ほんとはね，60代で田んぼを引退して，やるつもりでしたけど，原発事故が来たでしょう。その対応で追われて，それどころじゃなかった。ようやく落ち着いたかなと思ったら，湯本も自分

写真4-9　農業は，大変だけど面白い

の家のそばにも，貸してくれる田んぼが増えていって，今度はそれに追われて
ね。計画性がねえんだね。

　有機無農薬で野菜を作るのは，難しい。病気も虫もいっぱい出てきて。有機
肥料を作るのも大変だけど，面白いから。池田くんのナスのときも，一畝にう
どんこ病が出たときに，農薬使うのがいやでしょうがなかったから，随分悩ん
だけど，作物をダメにしたくないから最後にはやりました。作物も土も大切に
して，安全で安心な野菜作りをやりたいね。

（金井景子）

3．震災後，海に戻って──海も人も，自然体にこそ　価値がある（宮城県南三陸町　高橋直哉さん）

震災後，海との別れと再起

　宮城県南三陸町の歌津・泊浜地区で生まれ育ち，元々家業が海の仕事だった
高橋直哉さん。2011 年に発生した東日本大震災による津波被害を受け，しば
らく海から離れてアルバイトをして過ごしていた。約 1 年経った頃，町内でも
わかめの養殖は再開できるということになり，直哉さんも作業に加わることに

写真 4 - 10　漁師の高橋直哉さん

なったのだが，繁忙期のみ手伝いに戻り，わか
めのシーズンが終わればまたアルバイトに戻る
つもりだったという。しかし，そのわかめの養
殖業の再開を通じて，直哉さんは再び海の仕事
に戻りたいと強く思うこととなった。

　漁業支援で直哉さんの家のわかめ作業を手
伝っていたボランティアの皆さんに，わかめの
しゃぶしゃぶを振る舞うことがあった。直哉さ
んからすれば「振る舞うと言っても，自分たち
にとっては当たり前にあるわかめで，もっと言
うとそのときはお礼がしたくてもわかめしかな

くて，これで喜んでもらえるだろうか」と思ったそうだ。しかし，そこで食べた皆さんが「美味しい！」「こんなに美味しいわかめは初めて！」と笑顔で喜ぶ姿を目の当たりにし，何もないと思っていた自分たちの海が，本当はとても価値のあるもので，誇るべきものなのではないかと思い直すこととなった。

　直哉さんは，多くの支援によって町が片付けられていくことが目に見える中「恩返しがしたい」「今度は自分たちが笑顔にさせたい」と思うようにもなった。また，漁業支援を受ける中でも，海の綺麗さや海産物の美味しさ，そして，海の仕事を通じて初めて知ることなどを喜んでくれるボランティアさんの姿から「もっとたくさんの体験の機会をプレゼントしたい」「やっぱり海の仕事がしたい」とも思うようになった。そこで，わかめのシーズンが終わると置きっぱなしになる漁船に注目し「この漁船を使ってできることは何だろう」と考え，ボランティアさんたち含め，この町に来てくれた人たちを笑顔にできる仕事がしたいという想いから，観光・体験の事業もしていくことを決意した。

　津波によって忘れかけていた，大好きな海の豊かさと楽しさを多くの人たちに伝えたいという想いが原動力となって，一度は挫折しかけた中でも，再び漁業をやろうと立ち上がることになった直哉さん。2012 年に新たなチャレンジに必要な手続きや資格の準備をし，2013 年に生産販売と漁船を使った観光事業を「南三陸　金比羅丸」としてスタートさせることになった。

お客様を迎え入れる「海しょくにん」の発足

　直哉さんのチャレンジした「金比羅丸」としての事業は，概ね 1 年で軌道に乗り，お客様も増えていった。それに伴って，自分 1 人と自分の船だけで受け入れられる人数には限りがあるため，より多くのお客様を迎え入れるためにはどうしたら良いだろうかと悩むようにもなった。そこで，幼馴染で信頼している漁師仲間の高橋芳喜さんに声をかけ，観光などで海を体験しに来てくれるお客様を迎え入れることができる漁師たちを集め，芳喜さんが代表，直哉さんが副代表を務める「海しょくにん」というチームを結成することにした。「海しょくにん」の「しょくにん」は平仮名で表記し，海の「食」と「職」の両方

写真4-11　中央に直哉さんと代表の芳喜さん,その他「海しょくにん」の仲間たちと共に

を体験してほしいという2つの意味を持ち合わせている。

　「海しょくにん」は,結成当初は漁業体験を提供する仲間としてスタートしたため,最初は漁師だけで結成されていた。しかし,漁業体験自体は実は全国各地どこにでもあるという実態もあるため,ただ「海の体験ができます」だけでは弱いのではないかということも考えるようになった。さらにお客様に楽しんでもらえるよう,南三陸町らしくするには何が必要だろうということを考えた直哉さんたちは,海だけではなく,山林が町内の7〜8割を占め,海から山まで車で5〜10分程度で行ける距離にあるというこの地形そのものが,南三陸町らしい特徴なのではないかと考えた。「山の環境と海の環境はつながっている」ということを感じるこの環境こそが,他の漁業体験の場とは違うことであり,価値でもあると確信し,海だけではなく里山の体験も一緒にできるようなプランを生み出していくことにつながっていった。そういった経緯で「海しょくにん」には農家の友人も加わっていくことになった。

　後に,林業・飲食業・水産加工業・ネットに強い友人なども加わるようになり,直哉さんの暮らす歌津地区のみならず,南三陸町内のその他の各地域(志津川・戸倉・入谷)からメンバーが揃うようになった。趣味も職も多様な20

代から40代までの約30人近いメンバーで構成されているが，メンバーの共通点としては「誰もが“南三陸町を一番に考える”点で共通していて，海も含め南三陸町のさまざまな魅力を発信したいという仲間たち」なのだと直哉さんは話す。

どんな食べ物にも，作り手がいるということ

今，直哉さんたちが「南三陸　金比羅丸」としての事業や「海しょくにん」としての取組みを通じて大事にしていることは「どんな食べ物にも作る人がいる」ということをしっかり伝えていきたいということだ。そのためには，どのように作っているのかということやどのような地形・環境・工夫をしているのかという環境面や仕事内容も知ってもらう必要がある。その地域の地形によってでき上がるものも異なり，作る人によっても異なっていくのだ。加えて，昨今であれば地球温暖化の影響で獲れる魚の種類や育つ農作物や肉の質なども変わっていく。海だけに限らず，そういうことを知ってもらうことによって，日頃身の回りで売られている商品に対しても，その食べ物の生産現場を

写真 4 - 12　船の上で行うわかめの刈り取り体験の様子

想像しながら買って食べてもらえるようになって欲しいと思いながらプログラムを作り出している。

プログラムを作り始めた当初は，直哉さんたちの仕事を見せながら想いをストレートに伝えていくような企画をしていた。船に乗って，漁港からすぐの漁場まで船を走らせ，自分たちの通常の仕事を見せながら体験してもらうプランだった。しかし，今ではあまり作り込み過ぎず，お客様の反応を大事にしながらプログラムにしている。そのきっかけは，あるとき，少し回り道して海から陸がよく見えるコースを走った際に，お客様がすごく喜んでくれたことにあっ

た。あるいは，予定になかった水揚げされたばかりの魚に触れてもらったとき
の反応，牡蠣やホタテを見るのがメインでもフジツボなどの見たことがなかっ
たものに「何これ」と興奮している様子なども，そのきっかけになった。直哉
さんはお客様のそういった反応に「えー！こんなのに喜ぶの!?」と新鮮だった
という。自分たちにとって当たり前なものが，いかに来てくれる人にとって面
白いものなのかということを逆に教わったという直哉さん。そういったお客様
の反応を参考にしながら，もっと喜んでもらえそうな体験になるよう仲間たち
と日々改良しているのだ。

　また，直哉さんは同時に「海しょくにん」のメンバーとの交流も楽しんでも
らいたいと話しており，そう強く意識するきっかけとなった出来事についても
教えてくれた。あるとき，大きな団体受入の予約が入り「海しょくにん」メン
バーでは足りず，地元のベテラン漁師の先輩にも協力してもらったことがあっ
た。何班かに分かれて行動したのだが，終わるころに一番参加者から人気者
だったのはその先輩で，先輩の裁量で船のルートや説明にさまざまなサービス
要素があったという。直哉さんはそのときのことが印象的だったそうで「どう
したら楽しいかな，何をしたら喜んでくれるかな，と相手のことを考えること
はもちろん大事。でも，考える以上に大切なことは"楽しませたい"という気
持ちなんだな，人柄がお客様の心をぐっと掴んでいくんだな，ということをそ
のおんちゃんから学びましたね」と振り返る。

自然相手には，自然体で

　そのような経験もあって，今「海しょくにん」が提供する体験は，計画段階
ではもちろん抑えるべきプログラム内容や安全面の確認，必要事項の伝達はす
るものの，2～3人のスタッフで対応する場合でも必要最低限のことしか伝え
ず，基本的に打合せをしないことにしているという。理由は，その日出会った
お客様とできるだけ自然体に交流できるように意識するため。「そもそも海っ
て自然相手だから，作りこんだところでその通りになんていかないし，どこか
ら来た何歳の人なのか，そしてどういう人なのかによっても興味の湧くポイン

トも違うんですよね。海も人も，
自然体を楽しめるのが一番なので
はないか，ということを海から学
びました。なので，会話しながら
その場その場で楽しんでもらえる
ように心がけています」と直哉さ
んは話す。この町の産業や賑わい
を支えている，多趣味で個性的な
「海しょくにん」の仲間たちの

写真 4 - 13　体験に来た子どもたちに教える芳喜さん

“人” の魅力も，体験してもらいたい価値の一つということだ。

　一度は海を離れ，そしてまた海に戻り，地域の基幹産業である漁業を牽引す
る若きエースとなった直哉さん。自然は時に大きな威力をもって人々の暮らし
を脅かすが，それでも自然が持つ価値や恵み，そしてその自然と共に生きる生
き様や力は，何にも代え難い，そこにしかない特別なものだ。海を通じて，海
も人も，自然体で付き合っていくことの大切さを知った直哉さんは，そのこと
をこれからも多くの人たちに伝え続けてくれることだろう。

（大場黎亜）

4. 担い手は，少しずつ若い人たちへ——後藤伸太郎さんからの手紙（宮城県南三陸町　後藤伸太郎さん）

　講演会に来ていただいたとき，後藤さんの言葉で，忘れられない一節があっ
た。「僕は，この目で絆を見ました」。震災後，絆という言葉が氾濫し，むしろ，
食傷気味になっていた私は，「ん？」と思って少し乗り出したのを覚えている。

　避難所に指定されていた志津川小学校の体育館には，津波に家屋を流されて，
着の身着のまま，命からがらで体を休めていた人たちが大勢いた。後藤さんも
その 1 人だった。自主的に運営のお手伝いを始めてからの大仕事が，小学生た
ちの卒業式をしてあげることだった。趣旨を説明し，卒業式が行えるよう，体

育館の床一面に敷かれた寝具や大量の手荷物の一時撤去をお願いした途端，誰からともなく布団が畳まれ，床は清められて，あっという間に卒業式を行うスペースが出現した。面倒臭がったり，不服を口にする人は，誰1人もいなかったという。私の中で，「絆」という手垢にまみれかけていた言葉に，再び命が吹き込まれた瞬間だった。

　町会議員となった後藤さんは精力的にさまざまな課題にチャレンジしていか

写真4-14　早稲田大学に講演しに来てくれた際の後藤さん

れたのだが，中でも力を注いでおられることの一つが，震災遺構・（旧）防災対策庁舎の将来に関する論議の場づくりである。2030年までの時限で，宮城県による県有化が決まっているが，ご遺族の方々を含め，遺すのか撤去するかを決めるのは，町民たちである。

　議員であると同時に，町おこしのための活動も精力的にされている。後藤さんの周りには，町を担う若者たちが大勢，集っている。

　伺いたいことを4つに絞って，書面で質問をしたら，お返事の手紙が戻ってきた。

金井からの手紙（4つの質問）

1．早稲田に講演会でおいでいただいた2015年以後，重ねて来られた地域での活動（町議会議員としてはもちろんのこと，南三陸ふっこう青年会での復興市やお祭りの企画・運営・実施など）について，お聞かせください。

2．3.11前と比較して，南三陸の人々の防災に対する意識について，どう変わったと感じておられるか，その具体的な現れはどのようなものか，

また変わらないあるいは課題があるとすればどのようなことか，お聞かせください。

3．講演会でお話しされていた（旧）防災対策庁舎の県有化の問題について，その後，どのような論議がなされ，今後のビジョンが模索されているか，それについての伸太郎さんのお考えを，可能な範囲でお聞かせ下さい。

4．「この町をあきらめない」ための地域の防災力とは，どのようなもので，それはどうしたら培われるか，ご教示ください。

後藤さんからの手紙

　議員に何ができるのか，議会とはどういうものか全く知らずに議員になった私にとって，これまでの9年間の議員活動はずっと手探り状態で進めてきたといっていいと思います。ですがそれは，未曽有の大災害に見舞われ，何もかも失った中で復旧・復興へと一歩一歩歩んできた町民の皆さんと何も変わらないのかもしれません。私にできることは，分からないながらも勉強し，対話し，行動することでした。毎回必ず一般質問をしたり，要望書を出したり，請願の紹介議員になったりといったことです。そうやって少しずつ町民の皆さんと交流を深め，信頼してもらえるようになり，議会でも一目置かれるようになってきたかなと思っています。素人だからこそ感じた素朴な疑問や，これはおかしい，という引っ掛かりを一生懸命言葉にして，議会という場で町に届け続けてきました。防災教育，交流人口拡大，子育て支援，議会改革……。取り組んできたことは多岐にわたりますが，それらはいつも，自分の身近にいる人たちの声を，代弁してきたものだと思っています。

　その声を聞かせてくれるのは，同年代の友人たちでした。南三陸ふっこう青年会は，震災から10年という節目を超えて解散しましたが，そこでの活動は自分の中に色濃く残っています。町はなくなったけど，以前と全く同じ故郷を

取り戻すことはできないけど，盆踊り大会や夏祭り，福興市の運営に協力して存在感を示すことで，次の世代にかっこいい背中を少しは見せられたのではと思っています。義務感に駆られていやいやながらも役割をこなすのではなく，自分たち自身が目一杯楽しもうという彼らの姿勢を，私はとても誇らしく思っています。

　彼らのような同年代の友人と話している中で，なくなった故郷を思い起こすとき，楽しかったお祭りというものが記憶の中心に位置していると気づきました。町内の他地区でもさまざまな伝統芸能が震災を乗り越えて復活し，今も活動を続けていますが，私たちは2016年，第6回三陸海の盆で本浜七福神舞を復活させました。小中学生だった頃に地域の大人たちに口伝で教わった舞を，大人になった自分たちがもう一度舞手を務めることで，震災直前に担い手不足で中断していたこの行事を7年ぶりに再開させることができました。もう一度七福神舞を。その掛け声だけで，地域の若手が集まり，お金と時間を惜しまず協力してくれました。復活から6年，コロナ禍で舞の奉納を取りやめようかという瀬戸際にも立たされましたが，情熱と工夫とで乗り越えて，途切れさせることなく毎年神様の前で奉納し，夏祭りでも地域の皆さんにお披露目することができています。その担い手は，少しずつ若い人たちへと継承されつつあります。

　震災前と後で，町民の防災に対する意識は大きく変わったと思います。いや，変わったというのは少し違うでしょうか。質が変化したというより，再認識させられたという感じ。ああ，やっぱりこれまで言われてきたことは間違いじゃなかったんだと思い知らされた，とでも言いましょうか。地震が来たら，津波の用心。何も持たずに，走って高台へ。食べ物は3日，水は一週間の備えを。津波てんでんこ。震災から生き残れた人たちの多くは，毎年おこなわれる避難訓練に熱心に参加していた人たちでした。

　2年ほど前から，観光協会の依頼を受けて語り部活動をしていますが，そのとき，震災当時は学生だった若い語り部さんが，修学旅行に来た子たちを案内しながらふと発した一言にハッとさせられたことがあります。子どもたちは友

だち同士でふざけ合いながら，何やら言葉を交わしていたのですが，そのうちの一人が何気なく「死ね」と言いました。深い意味は無かったんだと思いますが，それを聞いて若い語り部さんが「この町で“死”という言葉は一番重いんだぞ，やめれ」とたしなめました。強い口調ではありませんでしたが，普段はニコニコと底抜けに明るく振る舞っている彼女でしたから，そのやり取りが意外で，強く印象に残りました。そうか，普段は見えないけど，心の中に何か芯となる矜持が，若い人たちにもちゃんと芽生え，育っているのだと感じられた一瞬だったと思います。

　災害の細部は，忘れていきます。それは仕方のないことだと思います。災害の記憶は風化したとしても，備える心は失くしてはいけない。訓練のための訓練にならないように，想定外を想定しておく大切さを伝えていくこと。そういった防災意識が，子どもたち，若い世代にも確実に根付いていると思います。中学校では，総合的な学習の時間に，全校をあげて避難所運営訓練がおこなわれています。11年前にそうだったように，自分たちの学び舎がある日避難所になったら，という想定で，何ができるか，何をしなければならないか，実際にシミュレーションしてみるのです。けが人がやって来た，クレーマーがいる，妊婦さんはどこに連れて行こう，そういったさまざまな出来事が実際に起こったと仮定して，地域の大人たちも協力して，訓練をしています。そして，その協力者には移住者も多く参加しています。震災から11年，次の災害への備えは，既に動き始め，着々と積み上げられていっていると感じています。

　災害に対して備える心を確実に次世代へとつないでいくことが自分の使命だと思って議員活動をしていますが，議員になって最初に取り組んだこと，そして，一つの結果が出たことというのが，防災対策庁舎の県有化でした。2015年の3月議会で取り上げられ，6月議会で採択。その後，町が県に正式に県有化の受け入れを表明しました。このことがあって，今も防災対策庁舎は南三陸町の記念公園の中に建っています。県有化は震災から20年，2031年まで。一度，早期解体，と決定していたものをひっくり返したわけなので，そこまでの道のりはとても長かったと感じています。ただ，県有化がゴールではありませ

ん。これはあくまで，最終的に保存か解体か決めるための議論をする時間を用意するための措置であって，結論はまだ出ていないのです。では，誰がどこで議論するのか，誰が決めるのか。この点について，先陣を切る人はいませんでした。非常にデリケートな問題でもありますので，なかなか口火を切るのは難しい。そこで，県有化の請願をあげてくれた仲間たちと一緒に「防災庁舎について考える会」を立ち上げ，議論する場を作りました。これもまた手探りでの動きなのでまだ3回しか会合は開けていませんが，そこで出されたさまざまな意見を，アーカイブしていくことが大切だと思っています。いざ決断する段になって，それまでの議論の積み重ねもなく，20年後の人たちに丸投げというのはいかにも無責任かと思います。保存，解体，それ以外の選択肢。何を伝えていくのか，そのためには何が必要なのか，という視点を忘れずに，いろいろな立場の方の考えや想いを，残していきたいと思っています。

決めるのは町民，というのが大原則だとは思います。しかし，もう町民だけのものでもないようにも感じています。当時の町の執行部の人たちは，早く保存という結論を出したがっているようです。解体してほしいと言っていた人たちは，今は呼びかけてもなかなか表立った場には出てきてはくれません。そしておそらくこの先も，町が先頭に立ってこの議論の場を作ることはないのではないかと感じています。庁舎があることでどんなことが伝えられるか。庁舎がないと伝えられないことがあるのか。震災復興祈念公園は全体開園し，震災伝承館「南三陸311メモリアル」もオープンしました。県有化を決めた7年前とはまた状況は変わってきています。それによって想いにも変化があるなら，それも記録していきたいと思っています。

教訓を語り継いでいくこと，震災遺構と向きあっていくことは，未来の災害から未来の人たちを守るためだと思います。チリ地震津波という大災害を経験していたにも関わらず，東日本大震災ではさらに多くの犠牲者を出してしまった。その反省を今度こそ生かし，もう二度と津波で命を失わない町を作りたい。私の選挙のスローガンは「この町をあきらめない」ですが，そのためにも地域の防災力は大切です。人口がどんどん減少している南三陸町のようなところで

は，防災力もだんだんと減少していってしまうと思います。それを防ぐために
は，ひとりひとりの防災意識が高い町にする必要がある。防災士を増やす。避
難訓練への参加率を上げる。そういった数字上の取り組みも大事ですが，それ
以上に，率先避難者を増やす，周囲のために動ける人を増やす，という草の根
的な活動が重要ではないかと思います。それには，普段からの近所付き合いこ
そが大切です。私が身を寄せた志津川小学校の避難所は，それができていた地
域でした。ですので，決まったことには文句を言わず，少しでも快適に過ごせ
るよう声を掛け合い，お互いがお互いを支え合う，なにか避難所そのものが一
つの大きな生命体であるかのような一体感があったのではないかと思います。
それが，いずれ世代が変わっても高い水準であり続ける町に。

　あきらめずに取り組んでいこうと思います。

後藤さんからの手紙を受けて

　「この町をあきらめない」というのが，議員としての後藤さんのキャッチフ
レーズである。ホームページのトップにもこの文言が掲げられている。

　2021年10月，町会議員選挙の活動の様子がSNSに動画で紹介されていた
のを目にした。小雨の降る中，路肩で演説をする後藤さんの後ろ姿が映ってい
て，その肩の向こうに，年配の女性が2人ほど見えた。後藤さんは声を張りあ
げることもなく，自身が任期中にしてきた活動を紹介し，そして「僕は決して
この町を諦めない，諦めたくありません」と結んだのだが，それまで報告をコ
クリコクリと頷いて聴いていた女性たちは，最後の言葉に，ひときわ大きく頷
いた。それは，後藤さんの言葉が女性たちの深い共感によって，「私たちの思
い」になった瞬間であったと思う。

　「この町をあきらめない」は含意のある言葉である。いただいたお返事には，
後藤さんがこの間，「諦めない」ために起こしてきた活動が綴られている。

　防災対策庁舎を取り壊すのか存続させるのかをめぐる論議も，伝統芸能の復
活・伝承も，祭りを立ち上げて子どもたちに思い出作りをしてもらう仕掛けも，
どれ一つとして一人ではできないものばかりである。「諦めない」のは共にプ

ロジェクトを担ってくれる仲間作りでのことでもあるだろう。お便りによると，「諦めない」人は南三陸町に静かに増殖中のようである。

（金井景子）

5．縁をつなぐ，知をつなぐ（熊本県水俣市　杉本肇さん）

　2021 年のクリスマスに，写真家である尾﨑たまきさんによる『みなまたの歌うたい——今日も元気に船を漕ぐ——』（新日本出版社）というフォトブックが出た。表紙を飾るのは，不知火海をバックに熱演する「やうちブラザーズ」。ハワイから来た「はぁちゃん」，南の島から漂着した「みぃちゃん」，中国大陸から渡来した「ひぃちゃん」の三人が，水俣のキャンプ場で出会って共に暮らすという設定の「やうちブラザーズ」は，今や九州一円で知らない人はいない人気コミックバンドである。

　真ん中でジャンベを叩いているはあちゃんこと，杉本肇さんは，実弟のみぃちゃん（杉本実さん）と共に水俣市の茂道で，漁師をしておられる。杉本さんたちが獲るシロゴ（＝シラス）は，「魚（いお）湧く海」と呼ばれた不知火海の宝の一つである。

　私は肇さんと出会う前に，お母さんである杉本栄子さんにお目にかかっていた。栄子さんは水俣市の茂道で代々続く網元の家に生まれ，網子だった雄さんと結婚し，肇さんを長男として五人の男児に恵まれた。ご両親も栄子さんご夫婦も水俣病の認定患者であり，入退院しつつも病と共に生きながら漁師をされ，同時に水俣病の裁判もされていた。私が水俣に通って勉強をし始めた 2000 年代には，胎児性・小児性の水俣病患者と障害者との共同作業所「ほっとはうす」を運営する「さかえの杜」の理事長をされていて，お手伝いに伺うと気さくに声をかけてくださった。シロゴの釜揚げと天日干しの体験をさせていただいたときの，夕日の中に咲くヒマワリみたいな栄子さんの笑顔と皆を包み込むような声が，昨日のことのように蘇る。

　漁師として生涯にわたって海で働きながら，水俣病の患者にして「語り部」

であった母・栄子さんからのバトンを受け取って，漁師となった肇さんは，水俣病患者の家族としてやはり「語り部」になったが，その「語り」には「やうちブラザーズ」のパフォーマンスという唯一無二のものが加わり，福島をはじめとする東北の被災地でも多くの人々を力づけている。そんな肇さんに，インタビューをさせていただいた。

金井　東北支援をスタートされるきっかけは？

杉本　実は僕，東日本大震災の後，水俣市の PTA の役員をしていたんですね。2011 年の夏になって，福島の子どもたちを救いたいというかそんな気持ちが湧いてきまして，他の役員さんたちとも話し合って，福島県郡山市の中学生を 30 人くらい，水俣に招き入れたのが最初です。

　郡山の中学生たち，水俣と言えば，水俣病のことしか知らなくて。そこでダイビングをさせたら，水俣の海に感激した。そして水俣のことをもっと深く知りたいということで，交流が始まりました。

　そのうちに，僕も福島をこの目で見たいと感じ始めたので，その年の 12 月に，水俣の中学生 3 人と，初めて郡山に行きました。当時はまだ放射能の影響があり，外では体育の授業もできない状況でした。ぜひ水俣の話をしてくださいと頼まれ，語り部として郡山第四中学校で講演をさせていただきました。

　福島に行って思ったのは，水俣と同じようなことがあること。そのことにとても心が痛みました。僕は水俣病を伝えることがそれまであんまりできてなかったものですから，もし水俣がもっと注目を受けていたら，環境破壊のことで，福島の現状も違ったものになっていたのではないかと考えました。子どもたちにはなんにも責任がないのに故郷を離れなければいけない現実が，目の前にある。いろんなことが頭の中をうずまいて，これは大人の責任として，もっと水俣を知ってもらいたいなと思ったんですね。子どもたちに対して，もっと水俣から発信できることってなかったのかなという申し訳ない気持ちが湧いていました。東日本大震災の被害が甚大だったものですから，何かのお手伝いを，

杉本肇
2014年11月1日 · 🌐

福島と水俣の中学生交流会

水俣と福島のこども達が、お互い現地に赴き、観て、感じとり、故郷を再発見し、
将来彼らが創造の翼を広げてよりより互いの地をつくってもらうよう講演をしまし
た。福島の皆様、このたびは水俣の中学生がお世話になります。

写真 4 − 15　福島と水俣の中学生交流会(杉本さんの2014年11月1日の Facebook より)

とは思っていたのですが，特に福島に関しては，生涯をかけてやらなければい
けないなと。

　それからは毎年のように福島に行きました。地元学の吉本哲郎さんと一緒に
福島に行ったときに，現地の人たちに初めて「やうちブラザーズ」の芸を観て
もらう機会がありました。水俣の苦悩を伝えるだけではなくて，厳しい生活の
中にやっぱり「笑い」が必要だということで，こういう笑いを僕たちは水俣で
守っていますということを表現しました。

　水俣には水俣病という，ずっと背負っていく苦節の障害もありますので，そ
うした中で病と共に一緒に生きていくときに何が必要だったかということを表
現させていただいたんです。どう受け取ってくれるか心配もありましたが，実
際に観てくださった方が感動して，心を寄せていただいたので，だったら私た
ちもこの水俣で培った笑いで手助けをしようということを決めたんですね。

　どれだけのものがお返しできているかは分かりませんが，やはり水俣に来てくれたということもありますので，「現地に行く」というのを一番大事にしています。そして自分自身で観て感じて受け止めて，何ができるか探すというのが一番だというふうに思っています。

金井　郡山をスタートにして南相馬や天栄村と，福島に足を運ばれ，いろんな所を見て回られたり，交流されたりした中で，水俣でイメージしていたときと印象は変わりましたか。

杉本　テレビで見る感じとはもう全然違いました。最初は郡山に入って，それから南相馬に車で行きましたが，あのとき5時間ぐらいかかったかな，道路がズタズタで。波の高さが10メートルとか，12メートルとかいいますが，やはりここまで来たと示されると，もうとても頭の中が混乱してね。不知火海は穏やかな海なので。

金井　鏡のような海ですもんね。

杉本　はい，不知火海は，普段はおとなしい海ですからね。波の高さも3メートルとかいうと，すごい怖い気がするくらいなので，10メートルっていうのは想像ができなかった。
　最初，それを現場で目の当たりにしたときには，「われわれの力ではもうどうしようもないな」と思考が止まってしまいました。
　そのうち，何か心の支えというか，どんなふうにしていってこれを乗り越えられるのかなっていうふうに考え出したんですね。それと，あのときの水俣はどうだったのかなとか，われわれが経験したものって何だったのかなとか，自分たちとつなげて考えるようになりました。両親はどう思って生きていたんだろうなって，繰り返し亡くなった両親に問いかけました。

杉本肇
2015年1月18日 · 🌐

浪江町に行きました。

被災地はそのまま残っていました。町には、まだ誰も住めません。改めて被害の甚大を知る。

原発はすぐそこにある。

ただ、空は青く、海は輝いていた。

写真4-16　浪江町を訪れ被害の甚大さを知る(杉本さんの2015年1月18日のFacebookより)

金井　福島の地で，肇さんが亡くなったお母さんやお父さんと対話されていたというのを，今伺って，驚きながらも納得がいくような。

杉本　迷ったときにはいつも天国の父とか母とかに相談をします。こんなときに，父母だったらどんなふうに考えるんだろうと。2人を送ってから，そんなことがたくさんありました。

　やはりご縁があった人に原田正純先生がいらっしゃって。東日本大震災はご存命で，「こんなに広い規模で自然が汚される，水俣とまた同じことが起きるのか」と嘆いてらっしゃいました。「肇さん，人間って同じ過ちをするんだよ，だから過ちを繰り返さないように伝えてほしい。頼むよ」って言われたときに，そうか，水俣の経験と似てるんだなと気づき，それを世代を超えて引き継ぐために，私たちが頑張らないといけないと思いました。

金井　水俣の子どもたち，それから福島の子どもたちに対して，経験を繰り返さないために何が一番大事なことだとお考えでしょうか。

杉本　僕が心配したのは差別の問題でした。当時は地方のあちらこちらの地域に，福島の子どもたちが大勢避難をしている中で，差別に遭ってるという話を聞いて，心が痛みました。水俣は，病名に水俣という地名が付いているので，ここから巣立った子どもたちは，行った先で差別を受けることもありました。
　そうした中で，何か大事なのかというと，やはり「学び」ですね。起こってしまった差別に，どうやって立ち向かっていったらいいんだろうと考えるときに，それに対応するにはまず，正確な知識を持つことだと思います。知はやはり，力になる。そんなことを子どもたちにも伝えるようにしています。子どもたちに包み隠さず，水俣の経験を話しながら，子どもたち自身がそれに基づいて考えを深めてほしいと思ってます。

金井　実際の水銀や放射能で被った心身への傷や病に加えて，水俣あるいは福島というだけで取り沙汰されていわれのない誹謗で，二次被害としてダメージを受けるという，そのことですよね。

杉本　そうなんです。避難した人とか病気になった人っていうのは，それでなくても心細いのに，重ねて差別を受けるって大変なことです。ですから，心ない言葉を跳ね返す力をつけるには，まず，しっかりとした知識を付けることが

大事じゃないでしょうか。そうした知識に基づいて，知らないでいい加減なことを言う人には私が教えてあげますよというようなところまで一緒に学んでいこうと。そうしたら，避難先の子どもたちも安心して暮らせると思うのです。

金井 どんな所で心ない言葉を掛けられても，大人が出てきて代弁するだけではなく，子どもたち自身が知識に基づいて，自分の言葉で，「知らないからそんなことを言うんだね，じゃあ教えてあげる」という子たちを育てるってことですね。

杉本 そうなんです。そうした子どもたちが1人でも2人でも多くいれば，そういうリーダーみたいな子が育ってくれたら，部活なんかの遠征先で中傷を受けるようなことがあっても，子どもたちも気持ちを一つにして頑張れるんじゃないかなと思います。

　あとはやっぱり現地学習っていうのは，本の中の勉強では到底追いつかない，大きな効果がありますね。福島の子どもたちも，水俣のことは学んでいたのですが，やはり過去の歴史の話のような感じでした。その当初，原発事故後2，3年だったので，風評被害で農作物や海産物が売れないという時期でした。農業をやっている方たちは本当に必死になって，放射能が上がらない作物づくりに取り組み，放射能の検査をして市場に出すんですが，なかなか売れなかったという経験っていうのは，全く同じことが過去の水俣でありました。

　ですからその姿を見ながら，水俣のことをいつも思い出して，身近に感じる感覚がありました。水俣の中学生たちには，「こんなふうに水俣も大変な思いをしてやってきたんだな」ということを，福島に行って現地を見ることによって，改めて水俣を見つめなおしてもらうという感じですね。こちらからあれこれ言う前に，水俣の中学生たちは自分のことのようにいろんなことを考え始めていました。それはすごくありがたいなと思ったし，彼らがこれから人生を生きる力になったんじゃないかと思います。

金井　Facebook を遡って拝見すると，福島以外にも，陸前高田も含めて年間に多いときには5回くらい足を運んでおられますね。

杉本　陸前高田は東日本大震災が起きる前から，私の母（注・杉本栄子さん）が交流していまして。陸前高田の八木澤商店という醤油屋さんの，当時社長をされていた河野さんが，「環境創造みなまた」のメンバーで，平成6年くらいからですかね，水俣に来られたときにうちにも寄っていただいて。震災の起きる5年ぐらい前でした。ずっと水俣のことを心配してくださり，交流を重ねていました。

　津波で陸前高田も甚大な被害があったのを知って心配だったのですが，子どもたちとの交流もあったので頭の中は福島のことでいっぱいで，陸前高田にも行ってみたいと思いながら，後回しにはなったのですが，招待していただきましてやっと恩返しができたという感じでしたね。

金井　いろんなご縁がつながって，支援の輪が広がるんですね。

杉本　僕は水俣のことを語るときに，「悲劇を伝える」のではなくて，「お世話になった人たち，巡り合った人たちと，良いご縁ができた」というところから出発します。

　いち早く水俣で起こっていることを察知して，熊本大学から調査に来ていただいた原田正純先生や，市内に暮らしていて，聴き取りのために漁村に通って下さった石牟礼道子先生。石牟礼道子先生は，母のきょうだいと思うぐらい親しくしていただいて，いろんな話を聞いていただきました。原田先生には，「治らない病気と向かい合いながら寄り添う」ということを教えていただきました。

　水俣病の裁判が始まった昭和44年から，すぐに遠方から学生たちが来てくれたのも，本当に嬉しかった。当時は学生運動が盛んなときで，裁判が始まってすぐの夏に，東京大学の学生が1人，うちに泊まり込んで漁を手伝ってくれ

ていました。3 カ月ぐらい，いたかな。その人がネットワークをつくってくれて，いろんな学生が次から次に我が家に押し寄せてくれて。われわれもその縁で，孤立しないで，自分を失わないでいられたことが，生きる希望でした。それには，やっぱり受けたご恩を返したいというような気持ちがあります。

金井　肇さんたちの足取りを辿っていると，「こっちから出掛けていく」というより，「呼ばれて行っている」感じを強く受けます。今，お話を伺っていても，被災地に赴く以前に，もう既にいろんなもの——励ましとか希望をいただいている，それに報いたいという，それであれだけの回数と熱意を持って通われていたということなんですね。

金井　私もこの 10 年，お米作りや広報，販売促進のお手伝いをさせてもらう中で，福島のお米は原発事故直後からすれば売れるようにはなったけれど，結局それはノーブランドで安い外食産業なんかに回るような形で。農家さんの手元から持ち越しのお米がなくなるという形の売れることにはなったけれども，安全性と美味とを兼ね備えた米として，日本のトップブランドになるような米として評価されて，原発事故前のように台湾のデパートのお米売り場のスターに返り咲くようなことは，まだまだ全然実現できていません。

　会津だけはちょっと別ですけれども，中通りや浜通りの米がデパートに常設で並ぶっていうことはまだないです。大手のスーパーでも福島の米は，生産量からしたらすごい数なんですけども，棚に福島産のお米が全然並ばない 10 年目，12 年目を迎えているということを考えますね。

　水俣のお魚，私は大好きで，水俣へ行ったら，ご馳走はお魚と決めて楽しみなのですが，それを聞いて，「水俣でお魚，捕って売ってるんだ？　大丈夫？」みたいなことをいまだに言う人がいて。

杉本　そうなんですよね。1996 年まで水俣には「仕切り網」がありましたので，そのせいで水俣ブランドっていうのは，もう，魚としてはなかったんですよね。

売るのが本当に困難でした。抗議の電話もあったぐらいですよ。「なんで水俣の魚をおまえたちは売るんだ」と言われたことも何回かあります。だけども，われわれは漁師として，その仕切り網の区域外で魚を捕って販売をしているんですけども，なかなかそれが，水銀検査をしても理解がしてもらえなかったという時代が30年，40年続きました。だからそのことはよく分かります。

　時間はかかりますが諦めないで，本当にできることをしっかりとやっていただきたいなと思います。われわれも確かに美味しいと言っていただいて売れるようにはなりましたが，まだまだ理解が行き届かないところにはたくさんあるので，これからもしっかりと伝えていかなければいけないなというふうに思っています。

金井　やうちブラザーズの活動に関しても，最後にお伺いしたいなと思います。
　映画『天に栄える村』の巡回活動の一環で，水俣でも上映会を開催したいと思い，吉本哲郎さんに相談してやらせていただいたことがありました。
　映画のアフタートークに，登場人物でもある農家の岡部政行さんと，当時は役場の職員さんだった吉成邦市さんのお二人を，福島からお連れしました。なかなか深刻な映画なので，人が集まらないといけないからということで，吉本哲郎さんが，やうちブラザーズに声を掛けてくださり，映画の後にパフォーマンスをお願いしました。おかげさまで会場が満杯になって，大盛り上がりでした。でも私，何よりもびっくりしたのが，やうちの芸を観てあんなに嬉しそうにはしゃいでお腹を抱えて笑って

写真4-17　やうちブラザーズのパフォーマンス

いる岡部さんや吉成さん，初めて見たんですよね。

杉本　良かった。

金井　その後，天栄村に帰った直後に，俺たちもああいうの，やりたいって言い出して。それで，音楽系のコミックバンドだから，太鼓なんかを叩かないと盛り上がらないと思うよと言ったら，「じゃあ先生，探してきてくれよ，太鼓叩く人」ということになって。最初，冗談で言ってるのかなって思ったのですが，やはり原発事故後からずっと頑張ってこられて，鬱屈してるものがあったんでしょうね。歯を食いしばって，放射能が上がらない米，どうやって作るんだっていうような感じの数年があって，やうちブラザーズに出会って，解放されたような気持ちがあったんだと思います。大の大人があんなにわくわくして嬉しそうになるっていうのをはたで見てて，「やうち効果」すごい！と感心しました。

杉本　多分，僕らの言葉は分からなかったんじゃないかな（笑）。

金井　水俣弁，炸裂ですもんね。

杉本　私たちは水俣弁しかやったことがないので，どこに行っても水俣弁でやるんですけども。ありがたいことに心から笑ったとか，実は陸前高田に行ったときも，もう8年ぐらい経っていたんですが，心の底から笑ったのは震災以来初めてだったという感想があったときに，来て良かったなと思いましたね。そういうところなんですよね，僕たちが行って，僕たちも感動して，もう一回来ようと思うのは。
　そうやって笑って，少しずつ日常を取り戻していただければありがたいなと思います。人間っていろんなことがあります。心の中って見えませんので，そこでちょっと笑いと刺激を与えて，日常に帰れるような気がするというような，

そういうふうに思ってもらえればありがたい。始めたきっかけというか，これを続ける原点が，水俣の土石流災害にありますので。

金井　あの後に天栄村にも来ていただいて，「天栄米寄席」に出演していただくことになるのですが，村の人たちを誘うときの，岡部さんや吉成さんの嬉しそうな顔も忘れられません。「とにかく面白い，それですごくあったかい気持ちになるんだから，絶対，見に来て」って言って，子どもみたいな顔をして一生懸命チラシを配っておられたのが，懐かしいです。水俣の海岸に流れ着いた底抜けに明るいはぁちゃん・みぃちゃん・ひぃちゃんは，彼らのアイドルでヒーローだったと思います。

杉本　あのとき，食べたお米も忘れられないですしね。

金井　また送ります。岡部さんも吉成さんも，あれからまた腕，もっと上げておられますから。

杉本　あの香りから何から。お米が光ってましたね。やっぱり違うんだなと思って。何が違うか分からないですけど（笑）。でも本当に美味しかったのは覚えてる。おかず，なんにもいらないなと思ったぐらい。

金井　ありがとうございます。あのときのことは，村の人たちとの間でいまだに話題になります。「また来てくれないかな？」って言うから，「そのうちね！」って言ってます。

杉本　それは何よりです，とにもかくにも。ありがとうございます。

（金井景子）

第5章

「防災教育」に現地の声をどう活かすか

　これからの授業に,「被災地」の声をどのように活かしていくのか——この章では, 早稲田大学の正規授業「震災後を考える」(金井, 大場も授業を担当)においてメイン・コーディネーターをつとめる本田恵子先生に, 授業創設から今日に至る歩みと, そこで育ってきた学生たちの自主活動についてご紹介いただくとともに, 学生たちが自分たちで企画・運営をしてきた被災地訪問の自主学習についての発見や課題について記事を寄せてもらった。

　また, 大場や金井は, 社会人講座や高等教育および中等教育での授業をする際に, この10年で得た経験をもとにして, 新たに拓けた防災教育の視野や再評価したい教材について, 記すこととした。

　顔の見える, 声の聴こえる防災教育についての, 次への新たな試みである。

（金井景子）

1. GEC 授業「震災後を考える」の中で

（1）授業設立の経緯

　「震災後を考える」の授業は，GEC（Global Education Center）科目として 2016 年に設置されました。きっかけは，震災 4 年後の 2015 年に，大学が「震災後に考える——東日本大震災と向き合う 92 の分析と提言」を編纂したことです。この書籍は，鎌田薫（早稲田大学第 16 代総長）監修のもとに，「大震災の被害者と復興にたずさわる方々に思いをよせて」早稲田大学の全学部の教授に呼びかけ，それぞれの分野の専門家が最新の知見と技術を紹介したものです。9 部構成で 92 の研究論文が編纂されました。その目次を抜粋します。

　第 1 部：被災の状況と災害への対応，第 2 部：原子力発電所事故をめぐって，第 3 部：避難者と家族・子どもが直面する問題，第 4 部：コミュニティの再建と文化，第 5 部：復興のための制度と法を考える，第 6 部：専門知の力を活かす支援，第 7 部：学生ボランティアの展開，第 8 部：災害を見つめ記録し伝える，第 9 部：世界の中の東日本大震災

　書籍は 1,009 ページにわたる内容となり，大学内の各学術院や全国の大学や関係諸機関に配布されました。まさに，大学の智の結晶だったのですが，直接学生の目にふれる機会が少なかったため，この本をテキストとし，継続的に震災研究や復興に携わるための知見を学べる演習科目が立ち上げられないかと考えました。教務部に起案し，2016 年秋学期から 1 単位 8 回，定員 30 名の演習科目（表 5-1）として設置されることになりました。授業構成は，「防災教育」を一連の流れで実施できるように，震災の実態の理解から始まり，災害のメカニズム理解，避難所設営，心のケア，街づくり，復興支援のためのボランティアの在り方を理論と実践報告を交えて組み立てました。受講後にも継続した研究や活動ができるような仕組みです。

　筆者は，震災前から宮城県の矯正教育や特別支援教育などに携わっていたこ

表 5 - 1 授業構成 2016 年度開校時

担当教員	学部	内容
本田恵子	教育・総合科学学術院	オリエンテーション：「震災後を考える」早稲田大学の取り組みの理解 東日本大震災時の現地支援，継続的支援活動の紹介
柴山知也	理工学術院	災害のメカニズムの理解 さまざまな災害のメカニズムの理解（地震と津波被害，台風・土石流，火山の噴火等）
長谷見雄二	理工学術院	日本における災害の傾向の理解 過去の災害の歴史，現代式の自然災害
河村茂雄	教育・総合科学学術院	災害時における学校の役割の理解 避難所の設営，運営，組織づくりの基礎知識，時系列に基づく避難所運営と解散，学校再開までのステップ別対応
中村民雄	法学学術院	災害時の地域連携の在り方 災害ボランティアと公的機関の協働，災害時の地元組織との連携，情報収集，行政職員との役割分担，ボランティアの組織づくり
根ケ山光一	人間科学学術院	災害と家族・子ども 災害における親・子の対応や，震災・原発事故避難に伴う親・子の変化
佐藤　滋	理工学術院	復興，災害に強いまちづくり 災害に強いまちづくりに必要なハード面，ソフト面を理解する
岩井雪乃	WAVOC	大学生のパワーを被災地へ 「早稲田型ボランティア」の舞台裏
兵藤　智佳	WAVOC	災害時におけるボランティア大学生の活用 福島の教育支援の事例から：被災地での支援学生の体験談

ともあり，震災直後から現地の情報が届いたため，教職員，子どもたち，保護者等の支援にあたっていました。学校現場における避難所の設営，遺体安置所の設営，その横で学習をしなければならない生徒たち，自身も被災者でありな

がら学校に残って地域の人の支援にあたる教職員の葛藤，あまりのショックに言葉を失う子どもたちはそのまま気持ちを抑圧すればPTSD（Post Traumatic Stress Disorder: 心的外傷後ストレス障害）を引き起こすことは必至でした。また，最前線で対応し続ける教職員や支援者の方々には，CIS（Crisis Intervention Stress: 危機介入時ストレス）が生じており，心身に不調が出ていても休むこともできずに他者の支援を続けていました。これは過覚醒といい，あまりの危機状態，予測がつかない事態，未体験の対応等にあたらなくてはならず，常に脳がフル回転して適応している状態です。そのため「自分自身の心のケア」があって初めて「他者のケアが続けられる」ことを伝え，支援相手にできる具体的なストレスケアを先生自身が学ぶことを通じて自身のケアもできるようにバックアップを続けていきました。これらの体験は「被災地の子どもの心に寄り添う——臨床心理学からのアドバイス」（本田，2012）として出版しました。金井先生も書いておられる〈早稲田大学ブックレット「震災後」に考える〉シリーズの一環です。支援にあたって痛感したのは，教職員や子どもたちが「防災教育」を受けていた地区とそうでない地区の対応の差が歴然としていたことです。防災教育を受けている教職員は，次に何がおこるのか予測をしながら対応でき，地域と連携した素早い組織づくりを行えたので，情報収集力にすぐれていました。そのため，どこからどのような支援を受けられるのかもいち早く理解して物理的，心理的ケアができていました。また，子どもたちも「自助」「共助」を具体的にどのようにしたら良いのかを理解しており，災害時の危険回避もできており，避難所の中でも自分たちの役割を見つけて共助していました。子どもの本分である「学び」と「遊び」も取り入れて防災新聞を作ったり，震災を伝える紙芝居を作ったりと，その逞しさには感服した場面もありました。

　将来教員になる学生には「防災教育」の知識は必須であることから当初教育学部での設置も考えましたが，この知見は社会人として全ての人に必要であると思いGEC科目となりました。

（2）授業構成の変遷：「知の集結」から「知の構築」，そして「知の実現」へ

　表 1 は開講当時のシラバスです。さまざまな学生の参加ができるよう，バイリンガルで開設されましたが，盛りだくさんな内容を，1 コマで紹介した上でディスカッションを深めるには時間が不足し，授業終了後にも自主的に残って語り合う学生があったため，2 年目からは反転授業とし，録画内容を視聴した上でディスカッションを中心に進めていきました。震災後 10 年を迎えた 2021 年には，新型コロナによる感染拡大へのパンデミック対応も学ぶ必要を感じて授業編成を変えました。コロナ禍で学びを止めないために，対面とオンラインのハイブリッド形式を採用し，金井景子先生に「災害リテラシー」で全体像を網羅してもらうと同時に長期支援が必要な「福島原発」についての知見と実践の紹介，柴山知也教授には，災害を予測して対応策を備えておくための研究の在り方として「災害研究の在り方：国際協力」，河村茂雄教授には「震災と学校の支援の在り方：教員への継続支援」。そして，本田が「震災を語り継ぐ」「学生ができること」をディスカッションを通じながら実践しています。

（3）学生の変化：「活動的な学び」から「内省的な学び」，そして「創造的な学び」へ

　学生の変化は，新型コロナによるパンデミックを期に，大きく 3 期に分かれます。開講からの 3 年間は，中学生以上で被災した学生が多かったため，被災経験の記憶が残っており，「被災地に帰って，大学で学んだことを何とか役立てたい」「地元で防災教育を実践したい」「直接被災はしていないが，当時報道を直接見聞きしていたので，自分にできることを探したかった」と授業が開催されるのを心待ちにしていたと話していました。先生方から提示される「ディスカッションテーマ」に対して「自分の体験」とつなげて発展することが多く，「体験」「理論」を結び付けて「実践」へと展開していました。

　第二期になる 4 年目からは，当時小学生だった学生の世代になり，「実は，

震災後に福島から他県に引っ越したが，福島から引っ越したとは言えず苦しかった」という方や「何かしなくてはいけないとは思っていても，ずっと現地に残っている友人が復興活動をしているところに，戻ったとしても受け入れてもらえるのだろうか」という不安を訴える方，「東北出身だからといって，地元に帰って何かしなくてはいけないのだろうか」という方，東北以外の出身者の方は「報道も少なくなり，記憶もあいまいになってきているので，このままでいいのだろうかともやもやしている」など，「授業を通じて，自分を見つめ直したい」という方が多く受講していました。復興状況や政策も地域によってさまざまな形態が表れ，「何が適切なのか」を世の中が立ち止まって考える雰囲気も影響し，第一期の「とにかく，何かしたい」「しなくては」という積極的な学びの姿勢というよりも，第二期は「このままでいいのだろうか」という「内省的な学び」の時期でした。

　第三期は，震災そのものの被災時期が小学生以前の学生の世代となっている一方で，新型コロナによるパンデミックを体験しながらも「学び続ける」ことを大学が実践している時期だったため，災害に対する直接的な体験（医療，経済，政策，学校教育などの危機状況の直面）をしている方たちです。受講者の中には，すでに活動を開始している人もあれば，これから何かしたいから仲間を募りたいという人もあり，「創造的な学び」の段階が始まりました。

　次の［関連付録］で紹介する学生さんたちは，第三期の受講生です。第二期を大学で過ごした松田さん（現在修士１年生）は「このままではいけない」「行動を起こしたい」という思いのある人を後押しするきっかけづくりがしたいと語ります。一方，第三期に入学した馬屋原さん，石川さんら１年生は「こんな時期だから，という大人の事情は関係なく，知りたいことが知りたい」「思ったことを伝えたい」「都会に住んでいる人や，体験してない世代だから『自分事』になるわけがないとは言われたくない」という方たちでした。この両者が授業を通じて出会い，意見をぶつけ合いながら「自分たちにできる学び」を創造していきました。そのため，活動は日常生活で長続きできる活動から始まり，被災地に直接関わる活動，日本の災害全体に関わる活動へと展開し

ているようです。詳細は，次節をお読みください。

　授業を通じて，さまざまな学生に出会えることは，教員としても学びが深まります。今後も，「震災後を考える」がどう展開していくのか，どんな学生に今年は出会えるのかを楽しみにしたいと思います。

[参考文献]

早稲田大学・震災復興研究論集編集委員会，鎌田薫監修（2015）『震災後に考える
　　──東日本大震災と向き合う 92 の分析と提言』早稲田大学出版部
本田恵子（2012）『被災地の子どもの心に寄り添う──臨床心理学からのアドバイス』
　　早稲田大学出版部

［関連付録］　学生たちの活動の軌跡──今だからこそ，「自分ごと」にする学びがしたい

i．私たちについて──結成の経緯：「熱意を形に」「共に学ぶ仲間として」

創造理工学研究科　建設工学専攻　松田楓

　2021年度の授業「震災後を考える」の履修者の一部の学生が，定期的に集まって防災について勉強したり，それぞれの知識や思いを共有しています。集まりに組織名や活動目標はなく，防災を学びたいという思いを共有しながら活動を続けています。なぜ「学びたいという思い」だけを共有しているのかをお伝えします。

　「震災後を考える」の授業で防災に関わるさまざまなテーマでディスカッションを行いました。そこで，皆から防災に対する強い課題意識と熱意を感じました。この仲間たちを一押しすれば素晴らしいことが実現できるのではないか，このまま終わることを勿体なく感じました。当時学部4年生だった私が，授業の最終回で皆に呼びかけようと思い立ったきっかけです。10名以上が集まり，その後オンラインで話し合いをしながら，自主的に活動することにし，私達の「震災後を考える」は授業後も続きました。

　初めての話し合いで組織を作るため理念について話し合いましたが，知識を増やしたいという人もいれば，具体的な活動をしたい，その活動も一ケ所がいいなど防災への想いの違いから議論はまとまりませんでした。そこで私達は，防災を学びたいという思いが共通しているなら，方向を強制させてまで組織を形成する必要はないと考えました。以降あえて枠組みを作らず，防災を学びたいという想いを共有する仲間として活動しています。

ii．活動概要

　2021年11月に授業が終わってから月1回程度オンライン上で話し合い，複数回にわたりフィールドワークを行ってきました。

【1】 都内におけるフィールドワーク（以下FW）の実践

　2022 年 4 月の神田川 FW，6 月のお台場 FW，7 月の研究室見学，9 月の治水 FW は，創造理工学部の修士生である松田がナビゲーターとして行いました。東京都内を対象に，自分達の暮らしや防災がいかにして実現されているのかを知ることを目的に，早稲田大学の近くを流れる神田川の暗渠や屋上が公園として開放されている落合水再生センター，首都直下地震の体験施設であるそなエリア東京，交通機関として整備されている隅田川水上バス，周辺がビオトープとなっている宮ケ瀬ダム等を訪れました。技術・地理・社会などの視点から街や問題を巡り，意見や感想を交換することで，互いに学びを深めながら互いの考え方を知り合う良い機会となっていたと考えております。

【2】 福島 FW（文化構想学部　文化構想学科　石川愛理）

　2021 年の 1 月より話を進めてきた福島 FW が 2022 年の 5 月 7 日，8 日に実現しました。「震災後を考える」の講義を受け，実際に福島に訪れてみたい，という熱意を持ったメンバー 7 人で福島県大熊町・富岡町・双葉町・浪江町に足を運びました。現地では 2 日の日程で二班に分かれ，主に福島第一原子力発電所（1F）内見学，帰還困難区域内見学を行い，東日本大震災・原子力災害伝承館，請戸小学校といった震災遺構の見学も行いました。

　2 日間の FW では，ただ福島を訪れ現地を見て考え学ぶのでなく，震災後福島に深く関わってきた方にお話をお聞きし，リアルな声を感受することに重きを置きました。そのため，福島第一原発見学においては経済産業省資源エネルギー庁廃炉・汚染水・処理水対策官である木野正登氏に，大熊町の帰還困難区域内見学においては，大熊町元住民であり津波被害でご家族を失われる経験をされた，木村紀夫氏にお世話になりました。震災当時の状況と現在の課題，そしてお二方が考える福島の展望とは何か，といった大変興味深いお話を伺いました。詳細は，感想部分で述べます。講義だけでは見えてこなかった現実の課題の重さを目の当たりにし，"被災地"での課題が決して他人事ではないからこそ，未来を担う私たち学生，若者は何を成すべきかという問いや使命を強

く各々が抱く機会になったのでは，と思います。

【3】広島FW（社会科学部　社会科学科　馬屋原瑠美）

　2022年9月の初旬，3泊4日で広島FWを行いました。このFWを行った経緯は，同年5月に福島を訪れた際，私がぜひ同じ核の被害を受けた町として，広島も訪れてほしい，現在も約13,000発もの核兵器がある世界に生き，原発も核兵器も用途こそ違うけれど原理は同じなかで，多様な視点で核を捉えてほしい，との思いで早稲田大学から3名を呼び，また現地で広島大学の学生2人と合流し，広島FWを行いました。核のある世界で生きるとはどういうことなのか，核の被害の当事者である私たちはどう生きるべきかを学ぶFWで，初日は自身も被爆者で平和公園や資料館のガイドを務める伊藤正雄さんにガイドと被爆証言をお聞きし，2日目は大久野島の毒ガス資料館館長の山内さんに多くの島の毒ガス製造の跡地などをガイドしていただきました。3日目は被爆者の清水弘士さんに「空白の10年」についてお話ししていただき，ボランティアでガイドを行う河口悠介さんに広島陸軍被服支廠や比治山にある陸軍墓地を案内していただき，被害の面だけでなく加害の面からも，多様な視点で核や戦争と向き合う4日間を過ごしました。

iii.　さまざまなフィールドワークから学んだこと──参加者の感想と今後の展望

① 創造理工学研究科　建設工学専攻　松田楓

　『震災後を考える』を履修してからの1年間は，自分がこれまでの学生生活で学んできたことを改めて強く意識した非常に濃い期間でした。授業は自分が所属している研究室の教授が登壇することから2年以上前から知っており，学科の選択授業を取り切ったことと対面授業に戻ったことをきっかけに学部4年の秋学期に履修しました。当初は大学院に進学する予定だったとはいえ，残りの学生期間は短く研究や就活で忙しくなっていたので，まさかここまでいろいろなことをやり始めるとは考えていませんでした。

　活動の呼びかけや話し合いの調整など，集まりを立ち上げ維持することは私

が牽引しています。他の学生たちが抱いたやる気を実現できるよう，その環境を整えることに努めています。最初は結成の経緯に書いた通りで，やる気を実現する手助けをしたいという親心に近い感情でした。

　活動を決めてから初めての話し合いで，私の考えは大きく変わりました。話し合いでは，学んだことを SNS やインターネット等を通じて発信することを目的に，組織の理念を話し合いました。「災害を自分ごとで考える」という言葉を掲げることに対する話し合いを通じて，それぞれのバッググラウンドによって同じ言葉が異なる意味を持ってしまうことを痛感しました。「被災していない自分達が災害を自分ごとで考えることは不可能だし，それを掲げることは経験した人たちの感情を逆なでしてしまう恐れがある」と主張した自分に対し，「防災は自分たちを守るためのものだから，常に自分ごとで考えることを大事にしたい」という意見がありました。「組織の理念」の認識について「周りに見せる物」と「自分達の軸」という違いがあることに気づきました。

　他にも言葉の違いは感じられました。「防災」が「自然災害から生活領域を物理的に守ること」と「さまざまな災害から自分の身を守ること」であったり，「フィールドワーク」が「学んだ知識を現地に行って確かめること」と「詳しい人の協力を得て対象地を巡ること」であったりなど，さまざまな場面で違いを感じました。また，それらはどれも納得がいかないものではなく，確かにそういう形もあるなと受け入れられる違いでした。意味の違いがあることを分かっていながら，この言葉はこの意味で使うだろうという固定観念を持っていたことに気づきました。

　このことに気づいてから，自分のこれまでの学生生活や皆との接し方などの意識が大きく変わりました。同じ言葉を掲げているのに皆はどうして自分と違う考え方をするのか，自分はどうして皆と違う考えに至ったのか，意見や物事の進め方の食い違いが出るたびに深く考えさせられました。このおかげからか，今は自分自身や大学生活で学んできたことなどをより深く理解し，説明できるようになったと感じています。皆の活動を助けてあげるつもりが，自分が一番学ばせてもらっていました。

　今は修士課程1年生で，修了時に就職する予定なので学生生活はあと1年半ですが，以前よりも残された期間に対する感情はポジティブなもので，もっとたくさんのことを知りたい，共有したいと非常に前向きな気持ちです。改めてこの1年間活動を共にしてくれたみんなと，この機会を提供して下さった本田先生や『震災後を考える』の先生方に感謝申し上げます。またその恩返しとして，これからも皆のやる気をかなえる手伝いを続けていこうと思います。これからもどうぞよろしくお願いします。

②　社会科学部　社会科学科　馬屋原瑠美

　私が「震災後を考える」を受講したのは学部1年生の秋学期。私は中高時代ヒューマンライツ部というクラブに所属していたときに，川俣町山木屋地区に暮らす方との出会いをいただき，震災後毎年電話で聞き取りを行ったこともあり，いつか必ず福島を訪れたいと思っていた。この授業では実に多様な先生方がそれぞれの分野で携わる震災後のカタチについてお話しくださり，震災後非行に走ってしまう児童生徒が多くいることや，自身も被災者でありながら避難生活を支えざるを得ない学校現場の先生のストレスや限界，防災減災の観点から復興に取り組む先生のお話など，多角的な視点でフクシマを学ぶことができた。

　実際に2022年の5月に福島を訪れたときは，やっと11年越しに念願の福島を訪れることができた嬉しさの反面，震災当時の様子を物語る家屋がそのまま残っていたり，ここだけ時が止まっているような不思議な感覚を覚えた。一方で震災後に建てられたであろう真新しい建物もあり，両者が混在することに少しの違和感さえ感じた。この福島FWで経済産業省の木野正登さん，大熊町の木村紀夫さん，立場の全く違う2人のお話を聞くことができたのは大変意義深い経験だった。木野さんは仕事上の立場から「ALPS処理水は安全だ」と主張されたが，高い放射線量のせいで避難指示区域内に行方不明の家族を残したまま捜索ができずにおり，その後自宅付近が中間貯蔵施設になっているという木村さんのお話を聞くと，住民側の「不安だ」に対して「いや安全だ」と返す国の姿勢に，問題の本質はそこではなく，何がどうなって不安なのか，この不

安はどうしたら軽減されるのか，そこの溝を埋めていく対話が必要なのではないか，と住民側と国の姿勢のすれ違いに消化できないモヤモヤを感じた。

私たちは，福島FWをはじめ広島FW，東京の治水・利水FW，防災FW，ダム見学など，いろいろな場所に直接足を運び，それぞれの思い，時には言葉にできないモヤモヤもぶつけ合う。例えば宮ヶ瀬ダムに行ったときも，社会学を学ぶ私は「下流域の人たちを守りながらも，上流地域の人たちの大切な土地や暮らしの犠牲の上に建つダムは果たして誰の安全を守っているのか」と疑問を持ったのに対して，技術者の視点からある理系のメンバーは「そうして何も対策をしなければ，やがて大きな水害が起きたときにより多くの人の命が犠牲になってしまう」という意見を述べた。どちらの意見が正しいとかはないが，こうして解決策や最善策が見出しにくい課題に対しても，互いの意見を言い合える環境があることがとても重要だと考える。お互いを信頼しているからこそたとえ意見が食い違っていても受け入れ合い，互いの視点から学び合うことができる。

私は正直これまで治水や利水に対して興味を持ったことはなかった。だが松田さんの丁寧なガイドのおかげで，私たちの暮らしはいかにして支えられているのか，技術者の方々はどんな思いや葛藤で，最善策を練りそれをカタチにしているのか，私たちが生きていく上で切っても切り離せないことだと実感することができた。また，こうして自分の視野を広げながらも1つのテーマに対してこれまでとは違った角度から捉える機会もいただいている。治水や利水を知らなくても生きていくことはできるかもしれないけど，それなしに今の私たちの暮らしはないと思うと，必然的に私も当事者であり知る義務があり，あらゆる社会課題との共通点も見える。

今では月1回のペースでこうしてみんなで集まってFWを行うことが私の楽しみの1つである。その時々の社会問題も交えながら今回はこれについてみんなと話したいな，うまく言葉にはできないけどこのモヤモヤを共有したいな，などFWをする前から待ちきれない自分がいる。これからもこういう学びと対話の場を続けていきたい。いつも大切な気づきや学びをくれるみんなが大好

きです，これからもよろしくお願いします！

③　国際教養学部　国際教養学科　中浦晃希

　「震災後を考える」を受講したきっかけは幼少時に東日本大震災後ボランティアに参加したことである。微力ながら町の復興活動の手伝いをし，さまざまな人たちが熱く議論したり活動したりする姿を目の当たりにした。高校のときには被災地大槌町の元議員の方のご自宅へ伺い，政府の施策が自治体や被災者のニーズとミスマッチしていて，被災地のコミュニティ機能を蔑ろにしたため混乱が生じたという現状を伺った。この経験から政府と地元両方の視点から震災を学びたいと考え，議員インターンシップを行ってから，「震災後を考える」を受講し始めた。オムニバス形式で複数の学部から教授が登壇し，震災との自身の関わり方や考え方を話すというユニークな授業であり，「震災後を考える」というだけあって，震災という幅広いテーマを用いての議論に四苦八苦した。この手の正解のない事柄について考える授業は同じような意見を出し合って終わるのだろうと悲観視している部分もあったのだが，松田先輩という「味の変化」が加わったことによってその心配は無用となった。理系の視点で「震災」に向き合う彼の意見はとても新鮮で，例えば原子力発電の必要性を議論した際に，被災地や帰還困難区域に住まれていた方の精神的，物理的障害や危険性から見て廃止にすべきだという意見は，日本や世界の状況を鑑みた彼の現実的な意見と対比的なものとなった。今まで気づけなかったより新しい視点を得たり，自分が被災地のために何ができるのかなど思考が交錯し，松田先輩に何らかの形で活動を続けたいと相談されたときはすぐにフィールドワークを提案した。

　とくに５月に行われた２日間の福島ＦＷはとても刺激的なものになった。１日目は政府の関係者，２日目は被災地に住まれていた方と行動を共にした。違う立場から違う「復興」を目指す二人は，互いを認め合いながらも譲れない信念がある。同じ事柄についてお話をしてくださっているのに，どうしてだろうか，全く同じことを話している気がしなかった。１日目の木野さんは被災地の

「経済復興」を目指して，処理水の安全性を必死に訴えかけておられた。「記者の前で処理水を飲んでやってもいい」。生涯を福島に捧げることを決めた彼の言葉は重かった。2 日目の木村さんは政府が目指す「復興」のかたちに強い反感を抱きながらも，原発産業によってかつて恩恵を受けていたことに感謝していることを教えてくださった。

　メンバーと出会い，FW で学んだ分，分からないことがとても増えた。初日の夜に訪れた町の中心地にある温浴施設は木野さんが目指す「経済復興」の完成形ではないだろうか。しかし，それが完成したからといって木村さんがおっしゃられた「みんなが笑顔になる復興」は達成されない。原子力発電の継続的利用は反対だが，実際には今自分はその恩恵を受けている。

　全体を見て公共の福祉を優先しなければいけない政府の「経済復興」は間違っていない。しかし，もちろんそれだけでは一人一人に寄り添うことができない。地方自治体が自治権を増大させて寄り添うのか，もしくは民間が行うのか，それとも個人か。考えるべきことはまだまだたくさんある。しかし自分は「みんなが笑顔になる復興」を目指したい。これがこの半年の経験で得た今の自分だ。

④　文化構想学部　文化構想学科　石川愛理

　私が「震災後を考える」の講義を履修したのは，高校 1 年生のとき，震災学習として訪れた双葉町の閑散とした光景が忘れられなかったことが大きな理由だ。震災から 9 年目，私の生活は "通常" に戻っているのに，福島では未だに震災の影響を大いに受け人生が変わってしまった人がいること，町の再生が見込めない現実があることに衝撃を受けた。講義では私が福島で見てきた視覚的な被害だけではなく，"被災地" や帰還困難区域に住まれていた方々の心の復興の難しさ，震災と教育，町の再生といった多くの課題があったことにさらに衝撃を受けることとなった。そして「『復興』とは何か」という大きな疑問も突き付けられた。そのような問題に対して現在進行形で向き合わなければならない人が私と同じ日本にいるという現実にモヤモヤし，何かできないのか，そ

んな気持ちも抱くようになっていた。そうした中，全講義が終了した際に「ここにいる学生で，『震災後を考える』を続けたい」と声をあげてくれた松田さんの意思に惹かれ，月1回開催のミーティングや防災をメインにしたFWに参加するようになっていた。毎度，揃ったメンバーと話す時間は，同じ大学でも異なる学部に所属する学生たちの集いだからこそ一人では考えに至らなかった点に着目され指摘されたり議論が行われたりするなど大変刺激的で濃いものだと感じていた。そのような中で決定した福島FWは直前までどのようなものになるか想像できなかったが，2日間過ごした時間は私の期待を遥かに超える大変意義あるものとなった。1日目に訪れた福島第一原子力発電所では厳重な検査体制と防具服に身を包むという行為からも，核を原子力として扱っていることの恐ろしさを実感させられた。そして今も使用済み核燃料プール冷却のため稼働中の5号機内に立ち入った際はいくら安全に配慮されているとはいえ肩の力が抜けなかった。1号機から4号機の外観の様子は水素爆発の威力が目に見えてわかり廃炉への道が長いことを痛感した。一方，ALPS処理水の安全性に関して木野氏からは魚も養殖できるほど汚染物質の処理が済んでいる，との説明を受けた。現代に入り急速に進んだ日本の原子力発電によるエネルギーの担保は果たして正解だったのか，そんな疑問を大いに抱く時間になった。2日目は大熊町の帰還困難区域に木村氏の案内で足を踏み入れた。熊町小で見た津波到達時間で時が止まったままの教室は，地震と津波，そして原発事故という複合災害の悲しさを物言わぬ形で訴えてきた。また，木村氏はご子女の遺骨が完全に見つかるまではこの場所を中間貯蔵施設にさせない，という国に対する強い反抗心を抱きながらも，その思いに反して原発産業に支えられてきた町民としての葛藤があると伝えてくださり，当事者の複雑な心境を突き付けられたように思う。

　2日間で感じとった「福島」ならではの原発事故による生活復興の難しさ，国や町行政と住民の意思の相違，これからの福島に私はどう貢献できるか……数々の問題の多さに圧倒されむしろ疑問が増えたともいえる。一方，このFWを経験し，確実に災害や原発とは大きな問題のようでありながら，困っている

人をいかに支えることができるかというアプローチを考え行動に移すことが最も重要なことかもしれない，と気づくことができた時間だったと感じている。

⑤ 教育学部 教育学科 中島和奏

なぜ私がこの「震災後を考える」という授業を受けようと思ったのか。本当のところは自分でもよく分かっていないが，やはり東日本大震災がどこか心に残っていたことは間違いないと思っている。私は生まれも育ちも神奈川県で，東日本大震災の甚大な被害を直接受けたわけではない。しかし祖母や従兄弟といった近しい親戚が宮城県在住で，激しい揺れを経験していた。「宮城県震度7」という速報をテレビで見たときの衝撃や，連絡がつかない恐怖を今でも鮮明に覚えている。母と最悪の事態を想定して，まさに大号泣したことも忘れられない。私の中で引っかかっていたものを自分なりに学びたい，消化したいと思い，この授業を受けることにした。

講義終了後に参加したのが「震災後を考える」の有志団体である。団体への参加は偶然で，授業が終わったあと，周りの人が話していたのが耳に入り，やってみようと思ったことが参加に至った経緯である。立ち上がったばかりの団体であったが，しかし，いざ入ってみると災害の直接的な被害を受けた経験のあるなしに関わらず，それぞれに強い思いを持っている人たちばかりであった。私たちが一堂に会する機会は少ないものの，共にフィールドワークとして足を運んだり，白熱した議論に発展したり，多くのことを学んだ一年間だったと感じている。

私が参加したのは福島FWと広島FWである。私自身福島を訪問するのは初めてのことだった。許可を得て帰宅困難区域へ立ち入ったが，言葉が上手く出てこなかったというのが正直なところである。残った建物や田畑はほぼ当時のままで，人だけがいない風景を目にした。木村様のお話を伺うことができたが，「復興」の定義について特に考えを巡らすこととなった。当時あった建物を再建して，見た目が元通りになればそれは復興と言えるのか。被害を受けた一部を遺していくというある意味での「共存」ではいけないのか。私たちはそ

の他の「震災遺構」も見学したが，遺されているからこそ後の世代の人が知ることができるのだ。もちろん二度と見たくないという考えもあり，しかし人は忘れてしまう生き物であり私たちは復興とは何なのか考え続けなければならない。

　広島を訪れるのも初めてのことであった。広島の歴史から原爆の被害，そして日本が自国や他国の人を傷つけた加害の事実に至るまでを知ったFWとなった。証言者の方や語り部さんのお話を伺う中で，当時の様子や被爆者であることを長年公にできなかった，二世であることを最近知ったということが福島と共通していた。差別や後遺症に怯えながら暮らしを続けてこられた事実に心が痛んだ。また，亡くなった方々の中に建物疎開を手伝っていた中学生が多く含まれていたことや，生き残って「しまった」後悔の念があるという文言などを目にした。これまで原発も含めた核の使用への自分の考えは曖昧な立場であった。今でも定まったわけではないが，核による事故や攻撃がいかに多くの人やものを物理的に，そして心理的に破壊するかを理解し，再度使われることは許されるべきではなく，廃絶するべきと考えるに至った。

　現地でお話を伺うと「来てくれてありがとう」という言葉を多くいただいた。私たちにできる最初のことは，知ることであり学ぶことであると強く思った一年間であった。私の学生生活は残り一年半を切ったが，できる限り多くの場所に足を運び，他人事として終えることのないよう努めていきたい。

⑥　先進理工学部　電気・情報生命工学科　永井敦
　私は「震災後を考える」の授業は履修していなかったのですが，別の授業で知り合った友人に誘われて広島FWに参加しました。好奇心が強く，また共感しやすい性格であるため，友人から広島の原爆の被害を大まかに聞いたときに，なぜそのようなことが起きてしまったのかを，ぜひ現地に行き自分の目で見て耳で聞いて知り，直接現地の方と交流したいと考えたため参加しました。自分の中で，広島のことは日本をバッググラウンドとして持つ1人の人間として知っておくべき「教養」だとも考えていました。

　広島へ行くにあたって，自分の中で問いを立てていきました。見聞きして

知ったことや，時には現地で知り合った方に質問して得たことを用いて，自分なりにこれらの答えを考える FW だったと思います。

　それらを考える中で，自分の知っていたことはまだまだ表層的なものかつ一面でしか見られていなかったものであり，その背景や立場の違いなどを十分に考えられていなかったことを思い知らされました。この広島の経験でいうと，今まで原爆の被害についてしか考えられていなかったのが，原爆が投下された広島という都市の背景，そして反対に日本が諸外国にしたことを，史跡を訪れて現地の方々の話から知ることができました。今回，このような機会を得られなかったら，自分が参加する以前の知識しか持たないままであったことを考えると，知らないというのは怖いことだとも思えるようなものだったと感じます。そう考えると，これからも自分の「知らない」を埋めていく活動を自分の専門分野にかかわらず，続けていきたいと思います。

　一方で，平和祈念資料館の石碑に書かれていた，「過去を振り返ることは将来に対する責任をになうことです」という言葉に非常に衝撃を受けました。冒頭に書いた通り，今回の広島に行ったことは完全に単なる自分の興味・関心でした。しかし，この言葉を残した先人の思いに応えられるように，自分なりに将来の世界や世代に対して何らかの形で行動していきたいとも強く思います。そして，まず初めにできることとして，自分の経験したことを SNS での発信や周りの人々との会話の中で言語化し共有していこうと思います。

　最後になりましたが，行く先々で丁寧に説明してくださった現地の方，この授業を通してこのような機会を作っていただいた金井先生，本田先生，そして何より，お互いに違う立場に立っていても，このようにして共に行動して学び，時には違う意見を交換できる仲間たちに感謝しています。

iv. 展望：「自分ごと」としてのこれから

社会科学部　社会科学科　馬屋原瑠美

　授業を通じて出会った仲間や活動で深めた知識や思いをもっと「自分ごと」に展開していくために，こうして月 1 回のペースでみんなで集まって現場に足

を運び，学び合う姿勢を継続していきたい。「私たちとは」というこれといったカタチはないけれど，それが私たちの良さでもあると思う。「いつでも誰でもウェルカム」にみんなが好きなときに参加して対話して，ゆる～くながらもしっかりそれぞれの学びの機会にしたい。

　この本を読んでいるあなたも大歓迎です！　ぜひ，一緒に活動していきましょう。

2021		2022	
10月	震災後を考える	4月	神田川FW
11月	授業期間	5月	福島FW
12月	Web顔合わせ	6月	お台場FW
2022			
1月	福島FW立案	7月	研究室見学
2月	福島FW Web会議	8月	広島FW 各位調整
3月		9月	広島FW 治水FW

図5-1　私たちの活動記録

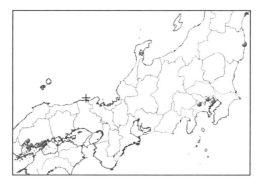

図5-2　フィールドワークを実施した場所の地図
（国土地理院地図を基に作成）

写真 5-1　福島での活動

写真 5-2　広島での活動

（本田景子）

2.　小さな一歩の繰り返しが，声を重ね，軸になる
──学生時代の一歩から，森への一歩まで

まえがき

　東日本大震災発生時，早稲田大学教育学部国語国文学科に在籍する私は，大学2年生の春休みだった。今でこそ，防災教育に関する仕事が増え，限られた60分や90分という時間の中で私の見てきたことや感じてきたことを説明すれば，そのボリュームに「凄い」と言われることも多い。しかし，一つ一つは小さな一歩に過ぎず，もし自分で自分を「凄い」と褒めてあげることが許されるとすれば，その小さな一歩一歩を（その一歩にも大なり小なりあったにせよ）

続けることができたことである。20歳で迎えた東日本大震災発生から，災害ボランティア，まちづくり，結婚，起業と駆け抜けた20代。30代の幕開けとともに迎えたコロナ禍。そして，今年から取り組み始めた「もりづくり」まで，一見別々なもののようで，それらが見えない糸でつながっているように感じる。「どうして今森に入っているの？」という問いにどう答えたら良いかを自分の中で整理する試みも兼ねて，私の中に構築されていった軸のようなものを言語化してみたいと思う。

（1）最初の一歩の始まり

　私が防災教育の授業や講演などで話をすると，必ずと言って良いほど「どうしてボランティアに行こうと思ったんですか」「ボランティアに通い続けることができた原動力はどこにあったんですか」という2つが問いかけられる。まず一つ言えるのは「ボランティアに行こう！」「支援したい！」という気持ちはほとんどなかったということだ。

　2011年，GW明けまで休校が続いた学部3年生の春，私は再開されたアルバイトに行くか家にいるかだけの日々を送っていた。テレビを付けては，被災地の状況や流れてくる「ぽぽぽぽーん」[1]を何度も聞いて，飽きてテレビを消すの繰り返しだった。

　大学が再開して，ゴルフサークルの同期がその期間中，宿泊業を営む山形の実家で福島から避難してきた人を受け入れているのを手伝っていたという話を聴いた。その時点で，他人事だった被災地のことが，ほんの少しだけ近くなった。そして，夏休みに彼に誘われて，もう一人の同期と一緒に，彼の知り合いづてに誘われていた東北芸術工科大学主催の「キッズアートキャンプ山形2011」での学習ボランティアに参加することになったのだ。

　福島の子どもたちとその保護者を招いて行われたその企画は，数日間にわたるのだが，私たちはそのうちの1日に参加した。日中は屋外で遊び，夜は学校に行けないでいる子どもたちの自主学習タイム兼保護者たちのこれからどうしていけば良いかを専門家と共に考える時間，という構成で，私たちは共に遊び，

夜は勉強を教えてあげるという役割だった。その経験で最も印象に残ったのは，日中遊んでいる際に「この木，触っても良いの？」と子どもに聞かれたことだった。正直，分からなかった。ただ分かったのは，目の前にいる子どもたちが，私たちの想像を遥かに超えた問題と直面しているということだ。当たり前が，当たり前ではなくなっている現実を幼い子どもたちが目の当たりにし，困惑し，それでもその中を生きているということだった。

　夏休みを終え，3年生の後期に入り，教育実習に向けての教職科目である「総合演習」の授業を受けた。そのときの担当が教育学部で思想史や教育学を専門とする米村健司教授だった。米村先生の初回の授業は，今も忘れない。教壇に上がって間もないうちにこう私たちに問いかけた。「君たちにとって，今一番大事だと思うことは何か」。5~6ほどの班に分けられ，それぞれの班で出た意見を聞いていった。震災の年だったからであろう，ほとんどの班が「東北の復興」「原発問題」などと答えた。私たちの班はたまたま，恋人と上手くいっていないという友人が本当にプライベートで大事なこととして馬鹿正直に答えた。米村先生がその発表に対して，ニヤリと口元が笑ったのを覚えている。そしてこう続けた。「今，東北の復興と答えた人は，東北の復興支援のために，福島の野菜を食べることができるか？あなたの家族や恋人にも，一緒に食べようと勧めることはできるか？」と。私自身も含め，教室にいた学生たちは黙ってきまりの悪い表情をした。

　変に誤解されることのないようしっかり説明しておきたいが，このとき，米村先生は決して教室の場で風評被害を広げたわけではない。むしろその逆である。この問いの後に伝えられたメッセージは「これから君たちは教員になろうがならなかろうが，少なくとも教育実習に行こうとしている。生徒たちから見て，実習生は実習生，と思われたらその時点でダメだ。君たちは実習生であっても，生徒たちからしたら教員にならないといけない。教壇に立つものは，生徒たちに自分の言葉で伝え，説得力を持ち，導かなければならない。そうであるときに，メディアや噂を鵜呑みにして流されるな。自分が福島の野菜の安全性も分からず食べることも想定していないで，東北の復興，福島の原発問題を

大事だと軽々しく語るような教員にはなるな」ということだった。

　山形で「この木，触っても良いの？」と聞いてきた女の子を思い出した。当時の私は，木に触って良いのかも，福島の野菜を食べて良いのかも，東北に行っても害がないのかどうかも，分からないことだらけだった。そして，分からないまま教員になろうとしていることがとても情けなく思えた。だからこそ，このときの米村先生の言葉が心に残り続け，後に私自身が被災地へ足を運ぶことにつながったのである。

（2）「学生ボランティアバスツアー」（＝「学ボ」）ができるまで

　そういう背景から，私は東北沿岸部の数カ所へ災害ボランティアに行くようになった。初めて南三陸町を訪れた際に，災害ボランティア活動を終えた夜，宿泊先だったホテル観洋の一室で，参加者のささやかな交流タイムがあった。交流，と言っても，マイクを回して自己紹介をしていくだけで，実際に私も「東京から来ました，大場黎亜です。早稲田大学の学生です。教員を目指していて，自分の目で見て学ばなければと思い参加しました」程度のことしか話さなかった。

　しかし，一巡していくのを聴いていると，何度も参加している人や，阪神淡路大震災のときの経験を活かしたい人，あるいは当時何もできなかったから何かしたい人など，さまざまな人が参加していた。そして，みんな何か，胸に静かなアツいものを持っていた。そのアツさを感じたからだろうか，最後の人の話が終わり，ツアー担当者へマイクが戻っていったときに，私は特に考える間もなく立ち上がり，担当者に「もう一度，マイク貸していただけますか」とお願いしていた。

　このアクションが，その後何になるかなんて微塵も考えていなかった。ただ，せっかくここまで来て，こういう人たちがいるのに，これで終わるのが勿体ないと思っただけかもしれない。私は「今回初めて学ぶこともたくさんあって，私たちみたいな学生がボランティアしに来ると喜んでくれる現地の方や現地のボランティアさんたちもいて，もっと，学生こそ，一度でも良いから足を運ぶ

べきだと思うんです。でも，今回もバイト代を溜めてこうしてツアーに参加し
ているわけですが，学生が行きやすいツアーって，心細いし，分からないこと
も多いし，あまりないと思うんです。だから，学生がもっと行きやすくなるた
めにはどうしたら良いのか，せっかくここにこれだけの皆さんがいるので，帰
るまでにいろいろアイデアがある人は教えて欲しいです。よろしくお願いしま
す」と口から発していた。

　この呼びかけに対して，交流会後にたくさんの社会人や同世代の学生が集
まってくれた。また，このときたまたま旅行会社のもう一人の担当の方が早稲
田出身の方で，この流れを受けて「君が頑張って企画を担えるなら，一緒に学
生ボランティアツアーを企画しよう」という話になり，その後実際にツアーが
実現したのである。

　学生ボランティアツアーには，メール，Facebook や Twitter 等 SNS での拡
散をきっかけに，早稲田生のみならずさまざまな学生たちが参加してくれた。
そして，初回には参加者の提案で，Twitter 等の SNS で「# 学ボ」としてツ
アー内での「声」を発信し，後にそれらを集めて Togetter[2) でまとめている。

（3）「学生こそ」の原動力はどこにあったのか

　学生ボランティアツアーを数回続け，毎月のように足を運んでいたこともあ
り，2012 年 6 月頃から当時のボランティアセンター長の猪又氏に声をかけら
れ，学生ながらに最年少のボランティアリーダーに仲間入りした。そこからの
日々は濃厚過ぎて書ききれないが，多くの社会人の先輩方に支えられながら，
それこそ叱咤激励を受けながら，当時の自分にできるリーダー像を模索し，数
年間やってこれた。

　ときに怖い思いをしたこともあれば，悔し涙を流したこともあるが，学生た
ちと何かしたいと動いてくれた社会人もたくさんいた。おかげで，その他にも
学生主催イベントを都内や九州などで開催することができ，大学間交流なども
深めていくことができた。現地で出会う町民の方々とも徐々に交流が深まり，
時には話しにくい内容も聴くことができ，それが学びにつながっていった。そ

の交流も，実は「こんにちは」から始まり，一緒に食事をするようになり，その延長線上として深まっていったものだ。

　結局，やってきたことは数を重ねればボリュームがあるように見えるが，一つ一つは，小さなアクションの結果に過ぎなかった。同期がいて，山形に行って，授業を受けて，現地に行って，マイクを取って，ツアーをして，リーダーになって，社会人とつながって，地域とつながって，たくさん学んで，それを伝えるイベントをして……全部，その前のアクションの延長線上にあった次の行動だった。

　振り返ると，このアクションの連続性がキープできた原動力は「無知」だったことだと思う。そう，福島の女の子の「この木，触っても良いの？」が分からなかったこと，米村先生が分からないまま教員になるなと伝えてくれたこと，どうしたら学生がもっと被災地に行くか分からなかったこと，どうしたら自分がもっと良いリーダーを務められるか分からなかったことだ。ソクラテスの「無知の知」である。学生が動ける原動力は，知らないことがたくさんあることだ。大事なことは，それを恥ずかしがらずに，知らないから学ぼうと進むことだろう。

　社会人になると，知らないことを知ったつもりになっていくようにも思うし，自分自身にもその要素が垣間見える瞬間が増えているように感じる。しかし，社会人にだって知らないことはたくさんある。学生より知っていることも増えていくかもしれないが，学生の頃知っていたことを忘れていってしまうこともある。学生の頃，たくさんの社会人に行動力などを褒められる際，「若さだね」と言われたことがあるが，最近になって，それは年齢的な若さの問題ではなく，いつまでも「無知」であることを認められる若さではないかと思うようになった。大人になっていっても，それを素直に認められるかどうかが，この小さな一歩の連続を維持できるかどうかにつながっていると思うと同時に，それが続く限り，防災への意識も薄まらないのではないか，とも思う。

（4）自身の「声」を届けている中で

2章で紹介している，シリーズ「被災地の声を聴く」は，実際に東日本大震災で被災した地域の方々や震災に関連して伝えたいことがある地域の方々をゲストに招き，「声」を聴かせてもらう企画だった。そういった試みを実践しつつ，私自身がよそ者なりに学んだことや経験したこと，伝えていきたいと思ったことを「声」にして届ける活動も並行して取り組んでいった。

一つには，母校を始めとする中高生や大学生に向けた授業等での講演活動であり，もう一つは，震災後の経験を踏まえて「まちづくりは人づくりであり，それもまた教育」という観点から，教員ではなくまちづくりのコンサルティング会社に勤める道を選び，あらゆる地域へ出張して関わっていく中での，防災の観点からの意見を発していくことだった。

震災から5年後あたりまでは，どこで話をしても比較的頷きながら聞いてくれる学生や「知ってる！」と手を挙げてくれる学生もいた。しかし，2010年代後半になってくると，ピンと来なくて首を傾げているような学生も目立っていった。あるいは，社会人相手でも「もう東北の復興は全部終わっているんでしょう？」というのが当たり前に言われるようになった。南三陸町の復興事業の最後と言える震災伝承館及び道の駅が完成したのは，2022年10月である。

早稲田大学においても，金井先生の担う「震災後を考える」「災害リテラシー」「ジェンダー・スタディーズⅡ～文学を視座として～」の3種類の授業に関わっており，今でも続いている。あるとき「安心安全のまちづくりとは？」「いざというとき避難所で安心に過ごせるためには？」などの問いかけをしたときのコメントシートに「防犯カメラを付ける」と書かれていたことがあった。しかも，1人ではなく複数人に同様の回答があり，手を抜いた様子でもないのだ。このとき，私も金井先生も，上手く言葉にできない焦りや危機感を覚えたと思う。

防犯カメラも効果がないとは言わないが，この授業で考えたいことは，そういうことではないだろう，ということが分かっていない。東北に限らず，震災

後あらゆる被災地で取り組んでいるまちづくりの道のりや被災地で起こる窃盗・強姦・揉め事などについて，これほどもう知られなくなっていくのか，ということを痛感した。当時からすればつい数年前まで自分が同じ教室で学んでいたわけだが，個々の意識や関心の差はあるにせよ，そういった意見になる学生はいなかった。

先ほど「無知の知」が学生こその原動力になるのではないかと述べたばかりだが，こうなってくると無知も強みと言っていられない。時の流れと共に前の災害が風化していってしまうことは，ある程度仕方ない面もある。しかし，地球温暖化等による異常気象により，災害のない年がなくなった日本で生き抜く力を育てるためには，もっと知らなければならないことがあるように思った。

あるいは，今でも南三陸町を訪れるさまざまな大学生の感想の中に「大学では教えてもらえないことがたくさんあった」「大学と社会に乖離があるように感じる」などの感想をもらうことが年々増えてきたように思う。大学でももっと知る機会を作るべきではないか，大学で限界があるならば，やはり今でも現地に足を運ぶことが必要ではないか，と強く思った。それは，震災学習に限らず，自分たちの暮らしを理解し，生きる力を養うためにも，である。

学部時代に「学生こそ，今こそ行こう東北へ」と掲げてさまざまに活動してきたが，今また改めて「学生こそ，今でも行こう東北へ」と呼びかけたい気持ちになった。

（5）なぜ，今「もりづくり」なのか

学業を終え，社会人となり，結婚，そして起業と変化を伴いながらも，まちづくりや教育，防災，文学を自分のテーマとして公私共に生活してきた。結婚前は東京を拠点に南三陸町に通っていた私だが，結婚後もそれが逆転しただけで，南三陸町に暮らしながら東京や仕事先へ飛び回っていた。そうして専門性を磨きながらも，あらゆる場面で「声」を聴き，「声」を届ける仕事を生きがいに感じていた。

しかし，それがコロナ禍で一変する。南三陸町から出られない日々が続き，

在宅でできる仕事を続けていたものの，拡大する新型コロナウイルス感染症の影響で，キャンセルも増えていった。起業した翌年で，さらに仕事に力を入れていこうとしていた矢先だったため，これまでにないほど落ち込む日々が続いた。

　ところが，そんな私を気にかけてくれて，「畑はマスクしなくても良いから遊びに来い」と声をかけてくれた農家さんがいた。あるいは，気晴らしに船に乗せて釣りに連れて行ってくれた漁師さんもいた。その存在が，俯いていた私の顔を再び上に向かせてくれた。東京には行けないけれど，実家にも帰れないけれど，海や山や畑はあって，あらゆるものに「触れてはいけない」という世の中で，木々や土には触れることができた。

　コロナ禍の 1 年目は，遊び程度でも農業と触れ合う時間が増えたことが，私を支えてくれた。出張とパソコン作業ばかりで不規則だった生活が，明るいうちに汗をかき，決まった時間に食事をとり，ゆっくりお風呂に入る時間をとるようになったことで，心身共に健康状態が良くなっていった。自然と共に生きる生活リズムから，人間本来の身体能力や免疫力のようなものを感じるようになった。ほんの少しかもしれないが，一次産業を生業に生きる人たちの豊かさを，今まで以上に理解できたように感じた。一方で，「この木，触っても良いの？」と聞いてきた福島の子どものことを思い出した。土も木も触れなかったら，今の私はいないだろう。

　次第に，町外に出てできないからとうじうじするよりも，町中でもできることに目を向けようとポジティブにもなっていった。2020 年の終わりが近付く頃，知人から南三陸町で開催される自伐型林業[3] に関する研修の案内を知った。林業に従事する気は全くなかったが，研修を通じてチェーンソーとバックホーの資格を取得できるということを知り，無性に参加したくなった。実は，2019 年に発生した台風 19 号の際，千葉県へボランティア活動に行ったものの，倒木が多かったためチェーンソーや重機を動かせる人材を求めていたことが印象に残っており，機会があれば資格を取りたいと思っていたのだ。

　南三陸町含め，東日本大震災以降，現地で多くのことを学んできた。広島の

土砂災害や熊本の地震災害，岡山の水害等々，毎年さまざまな被災地へ足を運びボランティア活動に参加し，屋根に上っての修復作業，床下に潜っての泥出し，その他にもたくさんの経験を積んだ。しかし，千葉の台風被害ほど無力に感じた現場はなかった。だからこそ，やれないよりやれるようになれば，いざというときさらに役に立てることも増えるだろう，という気持ちで参加を希望した。

　そして，その「森への新たな一歩」が，次の大きな一歩へと発展することとなる。

　そこで学んだことは，職業としての「林業」や機械操作のスキルももちろんあったが，それ以上に出会った師匠たちから教わった数々の「生きる姿勢」であった。「良い山づくりは，人の道と同じく，どう自然を理解し，感謝し，謙虚な気持ちで道を付けることができるか」ということ，「木の声を聴き，その森の中のネットワーク，関係性を大事にしながら，人が手を加えさせていただく」ということ，そして「山はその人の本性を顕わにする」ということ。

　山から流れる水や養分が，川や地中を経由して田畑や街中へと行き渡り，そして海を育んでいくという自然の摂理を身体で理解することの重要性や，人々の暮らしに欠かせない恵みがどこからどうやってきて，それを守るために人々ができることは何なのか，その根源を考えるときに，もちろん山だけでは解決しないが，山が起点となる，すなわち，「山には全てがある」ということを学んだ。

　師匠の一人が「健全な山（＝森）があるまちは，健全なまちを保つことができ，健全な山を維持することで健全なまちが維持できると分かっているまちの人たちは，教育すべきことや継承すべきことの本質をも捉えているのではないか」という話をされたことがあった。つまり，良い山を維持できるまちは，文化度も高いということだ。そしてそれができているまちは，災害にも強いはずである，と。

　こうは書いていても，私自身はまだまだ学び始めたばかりで分からないことがたくさんあるが，自伐型林業の研修を通じて出会った師匠たちから学んだこ

とは，私がこれまで公私ともに取り組んできた「まちづくり」や「ひとづくり」につながるものばかりだった。だから，自分の仕事としても，生き方としても，もっと深く知って成長したいと思った。

そして，その起点となる山を守る，いわゆる「山守」を増やすこと，山を守るための「もりづくり」を通じて「ひとづくり」を大事にし，それが「まちづくり」に寄与することを目指して，私は 2022 年 3 月に一般社団法人東北 GYROs[4] という団体を仲間たちと共に立ち上げた。

そのことをまた，私なりに「声」にして発信していった。設立前から学びをSNS で発信し，資料にして団体の目指すことを地域の人たちにプレゼンし，講演会でも説明するようになった。すると，その「声」を受け止めてくださった方々が，私たちの団体を応援したいと手をあげ，会員になってくださる方もいれば，土地を提供してくださる方，機械を提供してくださる方と輪が広がっていった。もちろん「声」だけではなく実際に行動し「もりづくり」をしている様子を知ってもらう活動も大事にした。実際に汗を流してやっている現場を見てもらうことで，「声」だけではイメージし難いことを理解してくれる人も増えていった。理解してくれる人が増えていくことも「ひとづくり」である。

応援してくれている，私の学生時代からを知っている方が，このムーブメントを受けて「あなたがこの町に来てからやってきたことが，今こうして返ってきてくれているんだね」と言ってくださった。その言葉を受けて，コロナ禍で落ち込んでいたこともあった私も，このために駆け抜けた 20 代があり，このためにこのタイミングでコロナ禍と向き合うことになったのかと，妙に納得するようだった。

「声」を聴き，そこからの学びを「声」にして発信し，そしてまたさらなる「声」に耳を傾け……今度は私の「声」に耳を傾けてくださる人たちがいる。小さな一歩を続けることで，「声」が重なり合い，私の生き方の軸みたいなものが，編み込まれながら太く，強くなっていくような，そんな感覚がある。震災から得た教訓を活かし続け，自他ともにまちづくりやひとづくりへ巻き込むことにつながり，それが防災，生きる力，文化としてつながっていく。そんな

「声」の連鎖が織りなしてもたらすものを見た気がする，2022 年である。

　出会った数々の「声」たちと共に次の一歩としてスタートした「もりづくり」。100 年 200 年，あるいはさらに長期のスパンで考えられていく世界ではあるが，そんな中でも人々の「声」あるいは森の「声」を聴き，明日もできる一歩を歩んでいきたいと思う。

（大場黎亜）

3.　記憶を防災の力に──山本おさむ『今日もいい天気』の作者，登場人物に聴く

まえがき

　東日本大震災を経験した表現者たちは，あれからの日々の中で，数えきれない数の作品を遺している。今回，「防災教育」という観点から，後世に伝えたい作品として私が着目するのは，山本おさむ著の漫画『今日もいい天気』の「原発事故編」と「原発訴訟編」「コタと父ちゃん編」である。

　「原発事故編」は 2012 年 1 月から 12 月にかけて，「原発訴訟編」および「コタと父ちゃん編」は 2017 年 1 月から 12 月にかけて，いずれも「しんぶん　赤旗」日曜版に連載された。「田舎暮らし編」と「原発事故編」は，2013 年度の第 42 回日本漫画家協会賞特別賞を受賞している。

　これらの作品の土台を作ったのは，2008 年 12 月から 2009 年に 1 月にかけて「しんぶん　赤旗」日曜版に連載された『今日もいい天気』（2013 年に双葉社より単行本化される際には，「田舎暮らし編」と命名された）である。埼玉の仕事場でアシスタントたちと昼夜を分かたず漫画の執筆を続けてきて，心身ともに疲労困憊した主人公の漫画家が，妻の実家がある福島県福里村（天栄村がモデル）に家を構えて，妻のケーコさんと飼い犬のコタと共に埼玉と福島の二拠点生活をするという，山本自身がモデルになったコミックエッセイである。

　自然の素晴らしさや厄介さに一喜一憂したり，自動二輪の免許を取りに行っ

て村を探索したりと，読者も憧れの「田舎暮らし」を追体験できる，DASH
村を彷彿とさせるほのぼの漫画なのだが，その後も現実として続いていた山本
さんの天栄村での穏やかな生活は，連載終了後の 2011 年に破られることに
なった。3 月 11 日の東日本大震災と，それに伴う福島原子力発電所の事故の
発生である。

　直後の山本おさむさんは，当時，誰もがそうであったように，起こった事態
を受け止めかねて，一旦は福島県天栄村から埼玉の仕事場を目指して避難する
という選択をした。そして葛藤を抱えながら，再び村に赴きさまざまな経験を
経て，やがては浜通りで起こる，国と東京電力を相手取った原告数 4,200 人と
いう原発被害者訴訟にも随行するようになる。

　私は 2021 年 3 月 11 日に，リモート朗読＆読書会「何度でも知ろう 3.11 の
こと」と題して，天栄村の田んぼ仲間である大学生や社会人，協力農家さんた
ちと，山本おさむ先生をお招きしてイベントを開催したのだが，その際に山本
さんが経験されたことをどのような思いで，『今日もいい天気』の「原発事故
編」と「原発訴訟編」「コタと父ちゃん編」として，書き遺すに至ったかにつ
いて語ってくださった。

　今回はその貴重な証言の中から，当事者としてその経験を語ることと，異な
る経験をした人々へ取材の輪を拡げながら，自身と他者の記憶を重ね合わせつ
つ，防災教育の力にしていく可能性に焦点化して，改めてお話を聴いた。

　インタビューには「原発事故編」に「Y 氏」として登場する吉成邦市さんに
も加わってもらった。漫画の舞台になった村のお宅で，作者であり登場人物で
もある山本おさむさん，そして取材対象であり登場人物でもある吉成邦市さん
から当時のお話を聴く，貴重な経験となった。また，吉成さんには再生水田で，
改めて専業農家となった今，原発事故以後の歩みをどう捉えているかのお話も
伺っている。

　なお，著者の山本先生と出版元の双葉社のご許可をいただいて，漫画本編からの引
用を掲載することができた。心から御礼を申し上げる。

（1）山本先生は放射能を怖がりすぎだ──『今日もいい天気』の作者・山本おさむさんに聴く

金井 山本先生が『今日もいい天気』の続編として，「原発事故編」を連載された2012年3月というのは，このテーマを扱った漫画としては連載の時期としても早かったのではないですか。

山本 当時の漫画界には，津波の被害や原発事故に関して，まだエンターテインメントの題材にする時期ではないという共通理解が強くあって，どこの出版社や雑誌もそれらをテーマにするのを控える空気が強くありました。ごく早い時期に津波を描いた作家に，書き直しの注文が来たりして。

　僕自身も，呑気な田舎暮らしを楽しんでいたところへ，大震災と原発の事故が起こって，訳の分からない恐怖の中へ放り込まれた感じでした。シーベルトもベクレルも初めて聞く言葉で訳が分からないながらも，スピーディ（緊急時迅速放射能影響予測ネットワークシステム）の情報なども流れてきていましたから，これは一旦，埼玉の仕事場へ避難しようということになりました。こういう商売ですから，逃げて様子見をすることができたんです。自主避難しながら，埼玉へ向かうクルマの中で「もう天栄村には戻れないかもしれない」とも思っていました。

　天栄村には奥さんの親戚や友人，隣の市には施設入所している私の母も残っているので，「自分だけ，安全なところに避難するのは，村は危険だと言っているのに等しいのではないか」という罪障感が湧いてくるんです。日を追うにつれて，「しかし待てよ，僕も原発事故の当事者なんだよなぁ」「なんで当事者が自分のことを描けないんだ」という思いや，テレビをつけるとメディアが「ただちに健康に影響はない」「大丈夫」と繰り返す一方でSNSなどでは全く逆の報道があって，やり場のない怒りみたいなものもあった。あの時期に出た漫画としては，萩尾望都さんの「なのはな」と，端野洋子さんの「はじまりのはる」と，そして僕のものくらいだったんじゃないでしょうか。

金井　『今日もいい天気』の続編として描こうと思い立たれたのは？

山本　自分でもエンターテインメントにする気はなかったので，エッセイ漫画の『今日もいい天気』で自分や家族，天栄村のその後のことを，ドキュメントとして描こうと思ったんです。そして福島の人たちに少しずつ取材の輪を拡げていこうと思っているときに，埼玉に天栄村の役場職員の吉成邦市さんが，「放射能ゼロ」を目指すお米作りを農家さんたちとやっている取り組みを紹介する講演に来られるという情報を得て，これは行かないといけないと思い，会場に足を運びました。

吉成　当時は村役場に勤めていて，漫画家さんで埼玉と二地域居住している人がいるということは聞いていたのですが，まさかその漫画家さんが埼玉の講演を聞きに来てくれて，農業のことで質問をしてくるとは思ってもみませんでした。会が終わった後に，先生が，「漫画を描いている者ですが，話をもっと聴かせてほしい」ということで，それからはお米の取り組みについて本当に熱心に取材をしてくださいました。

金井　私は震災後の2年目から天栄村にご縁ができて，「原発事故編」の第27話から37話までに登場する「天栄米栽培研究会」の皆さんと懇意にさせてもらっていたので，ちょうどこの漫画に描かれている登場人物や出来事について，詳しく幾度も伺う機会があり，田んぼでの作業も見せてもらっていました。都市部での震災復興イベントで，お米販売のお手伝いをしたり，村の農事体験に外からの人を寄せたりするためには，しっかりと勉強して説明できるようになる必要があったので。
　それで言うと，ここに描かれている土中のセシウムを稲に上がらないようにするためのカリウムやゼオライト，プルシアンブルーの用い方をはじめ，そうした研究的な取り組みを都市の消費者が支える「田んぼのパートナー制度」の仕組みの紹介など，「原発事故編」での描写は細部に至るまで極めて正確で，

驚きました。頭文字で登場する人物たちも，当人を知っていると吹き出しそうになるくらい容姿や言動の特徴を捉えていて（笑）。先ほどおっしゃっていたように，これはエンターテインメントではなく，ゴリゴリのドキュメントだと断言できます。

　同時に，ドキュメントのペンの方向は，先生ご自身へも向かっていますね。村のお宅に帰還直後から，線量計でずっとあちこちを計り続けている様子など。

山本　ここに帰って来て，あちこち線量を測っていたとき，「これ，自分で家を持っているからできるんだよな」と思いましたね。最初の頃，村では線量計，持っていない人が多かったんじゃないかな。

吉成　取材で来る人たちは，皆，線量計を持っていましたね。研究で来る産総研（産業総合研究所）の先生たちからは，「農家の人たちに，線量計を腰の位置くらいの低いところにずっと装着して測って欲しいんだ」と頼まれました。内部被曝のデータを取りたかったんでしょうね。積算したらどんな数値になるのか心配でしたが，農家は作業中，遮蔽物のある建物の中に入ったりすることも結構あるので，当初の計算上の 10 分の 1 以下でした。データを見て，少しずつ安心したところもありました。

山本　あの頃は，「福島民友」などの新聞に毎日，作物の移行係数の数値が出ていました。山で採れた山菜など，数値が高いものも出ていましたが，野菜も魚も，いくつかのものを除けば思いの外，数値は出ていない。産総研のホームページには，移行係数の数値とその背景の説明が出ていて，そういうものを確認しながら，少しずつ落ち着きを取り戻していった感じです。

　ある医療関係の人に，「山本先生は放射能を怖がりすぎだ」と言われたこともありましたが，何が本当で何が嘘かわからない状態のときには，後で間違っていても構わないから，恐怖情報の側に立って見る。それから徐々に必要な情報や数値を確かめていって，それからだんだん歩き出す，という方針をとって

いました。

金井 そうして，県内にいる人も県外の人も少しずつ落ち着きを取り戻した 2014 年に，4 月 28 日発売の『ビッグコミックスピリッツ』に雁屋哲原作・花咲アキラ作画『美味しんぼ』の「福島の真実」が出たんですよね。

　私はちょうど村に行く日にあたっていて，東京駅のキオスクで入手して新幹線の中で読んだのですが，漫画には双葉町の前町長も実名で登場して発言するなど，『今日もいい天気』とはまた違った形ながら，原作者の雁屋哲氏が福島第一原子力発電所を訪れた際のドキュメントとして読めるものになっていて，「鼻血」の描写を核に大論争を巻き起こしましたね。環境大臣や福島県知事も不快を表明するなど，社会的な影響力も大きい出来事だったと記憶しています。天栄村には当時，2 軒のコンビニがあったのですが，どちらの店でも『ビッグコミックスピリッツ』は売り切れていて，関心の高さを感じました。吉成さんは会った途端に，「センセイ，読んだか？　こんなの今，出されたら，今までやってきたことは何だったんだってことになる」と珍しく怒っていました。

　改めて，漫画が持つ社会的な影響力の大きさを知らされた出来事でもありました。

山本 編集部にはクレームの電話が何日も鳴りっぱなしで大変だったそうです。

　でもあれね，漫画自体というより，それ以前に皆の中にでき上がっていた「放射能の影響を恐れろ vs 過度に恐れる必要はない」という構図が SNS に舞台を移して大炎上したのだと思いますね。新たな情報が提示されたというか暗示ではなく，今まで散々言われてきたことに，『美味しんぼ』の「福島の真実」の鼻血の描写が，火をつけて再燃させたという感じです。

　ただ，こうした構図は，繰り返し浮上しますね。近年ならば，コロナウィルスに対するワクチン摂取の安全性をめぐる論議もそうでした。対立が対立のまま，炎上が止まらなくなるだけで，対話も解決策も産まず，深まることがない。

　繰り返されるということで言えば，東日本大震災のときに障害者や高齢者が

避難できなかったり，また辿り着いた避難先でさまざまな困難に遭遇したことが報告されましたね。僕も，ちょうど関連する映画を撮る関係で，詳しく取材を進めていたのでよく分かったのですが，こうした問題がその後の熊本地震のときに，ほとんど改善されずに繰り返されているんですよ。

吉成　何の根拠もなく，「自分は大丈夫だ」と思っていて，困難な状態に置かれる人たちに想像を働かすってことがないんだよね。大地震，いつか来ると分かっていても，今来るとは思っていない矛盾があるんだと思う。

山本　東日本大震災級の大災害が来ると，行政の職員さん自体も被災者なんだけど，被災した人たちも余裕がないと行政に詰め寄っちゃうし，それで心労から倒れた職員さんたちが大勢いましたよね。

吉成　地震の直後で，村の道もあちこち地割れして寸断されていた頃は，僕ら役場の職員は自衛隊の人たちと朝から晩まで一緒に作業していました。そんなときに，大学の後輩の1人が電話を寄越してくれて，「吉成さん，俺，新潟に家があるから，良かったら使ってください」って。結局お世話にはならなかったけれど，嬉しかったな。そういう選択肢を示してくれたことがね。

金井　今なら，こちらでやり取りをさせてもらっている方々に，私の住む熱海や仕事場のある東京にとりあえず来てもらうこともできますね。お年寄りや障害を持った人たちの一時退避の場所なんかも，「共助」でいろいろシミュレーションしておきたい。「想像する」のは1円もかからないし，それを口に出して拡げていくことで，自分が1人じゃないことが実感できていきますよね。
　ところで，先生，東京で直下型の地震が来て，目の前で怪我をして倒れている人がいたら，助けますか？

山本　うーん，どうだろうな，まず自分が助けられるような元気な身体で，家

族が怪我なく大丈夫だったら，助けるかな。何にしてもただの想像でしかない
な。

金井　先週，大学院のゼミで「現代人は自分以外の人間が危機に瀕していても，
それを助ける直接行動を回避する」といったことを，文献を引いて一般論とし
て紹介していたので，全然学問的な直接行動じゃないけれど（笑），「いや，私
は助けます」って言いました。「現代人は自分以外の人間が危機に瀕していて
も，それを助ける直接行動を回避する」という考えを追認したらそれがあなた
の常識になって，あなたの想像力に規制をかけるかもしれないよと。漫画を読
んだり，小説を読んだり，映画を見たりして，ケーコさんやシバ犬のコタや，
役場職員の Y さんになって世界を生きてみる練習をしていると，いざという
ときにそれが立ち上がってくることがあると思うんです。
　「原発訴訟編」第 23 話「解体」に登場する，楢葉町の蕎麦職人・山内さん
（58 歳）の思いを読んだときのことを思い出します。16 歳から修業を始めて，
ようやく独り立ちして構えたお店が，原発事故の影響で朽ち果てていき，解体
しなければならなくなる――そんなとてつもなく重たい，無念や怒りを，原告
数 4,200 人からなる原発被害者訴訟裁判の新聞記事やテレビニュースを観て想
像することはなかなかできない。けれど，『今日はいい天気』を読むと，いつ
の間にか自分が山内さんの傍に座って，お話を聴いているような気持ちになり
ますよね。

山本　山内さんの苦しみは，「最近，不景気でものが売れない」みたいな一過
性のものとは違って，生涯をかけて打ち込んできたものが理不尽に奪われると
いった，深刻さの質が違うものですよね。それはあのとき，天栄村の岡部さん
たち農家さんが，「もうこの父祖伝来の土地で農作物を作ることはできないか
も知れない」と思われたことにもつながりますね。そして，私たちは山内さん
の後ろにいるたくさんの人たちのことも，想像しないとね。

　「何度でも，知ろう 3.11」で，インタビューでも触れている『今日もいい天気』の「原発訴訟編」第 23 話「解体」を朗読したとき，山本先生が記録と記憶をめぐる興味深いお話をしてくださった。国家賠償請求訴訟の裁判で，蕎麦職人である山内さんと知り合い，お話を伺うとともに山内さんが撮影された大量の写真——朽ちていくお店の看板や品書き，厨房の様子など——を観た。避難区域へ入ることのできる，限られた時間に，これらの写真を撮り続けた山内さんの苦衷は計り知れないと思いながら，漫画に描くために重ねて資料探索をしていた山本先生は，楢葉町のストリートビューの映像に，事故以前のお店の様子が記録されていることを発見する。すでにもう，山内さんの記憶にしか存在しないお店の，かつての姿が記録されていたのである。蕎麦漫画の金字塔『そばもん』の先生へ，蕎麦の神様からのギフトとしか思えない記録がもたらされて，第 23 話「解体」の描写は独自な輝きを帯びることになったのである。

山本おさむ『今日もいい天気 原発事故編』(2013, 双葉社)151頁

同 185 頁

158

上・同162頁　下・同220頁

山本おさむ『今日もいい天気 原発訴訟編』（2018, 双葉社）141–143 頁

納豆そば

板わさ

そばみそ

野菜天もり

冷やしたぬき

花膳・おそばと天重‼

栖膳・おそばとカツ丼‼

（2）安全を創り出す──『今日もいい天気』（原発事故編）の登場人物・吉成邦市さんに聴く

金井 原発の事故後，放射能ゼロを目指して今年度も稲の作付けをすると決断された当時のことをお聞かせください。

吉成 3月11日の地震，そして12日に原発事故が発生しました。そこから状況に関する資料を自分なりに収集しながら，3月30日に「放射能ゼロを目指す米づくりに取り組もう」と決めるまでの，あの2週間が大きかったですね。始めると決めれば，ただもう目の前のことを一つ一つ，着実にこなすだけなんです。「放射能ゼロを目指す米づくり」は何せ日本でも初めてのことですから，いろいろな方々に助言を受けてご支援もいただいたし，自分たちからも求めていったのですが，あれほど村が一体になって取り組むことは，それまでも，それ以後もなかったですね。いつもなら，役場の言うことはなかなか聞かない農家さんたちが，「よし，やろう」とすぐに腰を上げてくれた。あのときの，なんとかしないといけない，そのためにはなんでもやるぞという危機感こそが，防災の危機管理意識の根本じゃないかと思います。

金井 その時点では，国や県はどちらかというとその年度の作付けに対して消極的だったではありませんか？

吉成 そうでした。しかし，あのまま手を束ねて何もせずに国や県の指示を待つだけ，ということはできませんでした。もし，田んぼを休耕にすれば，農家さんが丹精してこられた田んぼはどうなるのか，休耕は果たして1年で済むのか，この先もずっと作付けができない状態が何年も続くのか，今後は福島で農業が続けてできるのか，誰にも分かっていませんでした。
　ちょうど第一原発の爆発事故から1週間あたりのときに，当時，「天栄米栽培研究会」で会長をしておられた岡部政行さんが，役場の産業振興課に私を訪

ねて来てくれて，「これからどうなるんだろう」と相談を受けたのですが，そのときの不安でいっぱいの表情は今でも忘れません。当時は隣町で長年，有機無農薬でキャベツ作りに励んで高い評価を得ていた，天栄村の農家さんとも交流があった方が，自ら生命を絶たれるという痛ましい出来事もあって，なんとか動き出さないといけないという思いがありました。

金井　とはいえ，世界中でまだ誰も着手していない，「放射能ゼロを目指す米づくり」に取り掛かるというのは，随分，勇気のいることだったのではないですか？

吉成　取り掛かる前は，朝から晩までパソコンの前で，日本土壌肥料学会のページをはじめ，放射能被害に関連するデータを片っ端から確認して，解らないところや教えてほしいことについて問い合わせ続けました。天栄村が取り組みを始めるらしいと知って，向こうから連絡をくださる研究機構や企業もいろいろ現れて，やってみる価値があると確信するようになりました。

　地方自治体というのは，住民の暮らしに直結しています。直接相談にも乗るし，村の産業振興に関して，役場がプランを立ててそれを住民に提案して，協働するということもしょっちゅうあります。「日本一美味しいお米作り」を有機減農薬・無農薬で推進して，コンテストにも挑戦して4年連続で金賞受賞者を出していたところへ，原発事故が起こりました。このまま米作りを中断してしまうのか，もし継続するのだとしたら，どのような手当てをしなければいけないのか，農家さんたちとともに歩んできた者として，「県が，国が」というのを言い訳にしないで，自分たちでも調べ尽くして判断をしていかなければならないと思いました。

　幸い，村長をはじめ関係する方々からも支持を得ることができたので，できることを迅速に一つずつ進めていきました。

金井　放射能って，目に見えるものでも味がするものでもないから，汚染され

ている／いないに関しても，本当に判断が難しいですよね。

吉成　原発事故のあった年の9月には，こんなに小さな村役場としては破格な大きさと値段の NaI. シンチレーション検出器（放射能検知器）を導入して，天栄村で栽培・自生している農作物を300検体計測できたのも，安心感につながりましたね。農家さんたちには，「少しでも心配があったら，持ってきてもらえたら全て検査する」と伝えて，後には道の駅にも設置して村民が食用にしたり出荷したりする前に，自分の眼で確かめてもらえるようにしました。「放射能の影響はどうなんだろう」と不安に苛まれるよりも，検知器でまず測定して，確かめることで，一人ひとりが次の判断ができるようになりますから。

金井　「放射能 ND（未検出）」ということがデータで明かされたといっても，不安が一気に払拭されて消費者が「福島産」に手を伸ばす，という風にはなかなかなりませんでしたね。

吉成　まず，そのデータを提示している人や団体が信頼できる相手かというのが，重要なポイントになりますね。原発事故の直後は，国が「ただちに健康に影響はない」というアナウンスを繰り返し，それに疑義を呈するデータが諸外国の機関の独自調査で示されたりして，どこが提供するどの情報を信じたらいいのか，あの時期は皆が不安になりました。

　しかし，そうした不安を最終的に払拭するのは，やはり，精度が高い機器で測定したデータなんだと。放射能汚染に関する見方は本当に多様ですが，客観的な数値に基づいて話をし，判断していくことが，風評被害を脱却する上でも大切だと思います。

金井　原発事故後，それまでもやっておられた，同じ地区にある大里小学校の農業体験にもいっそう，力を入れるようになりましたね。

吉成 原発事故前は，こんなに田んぼに囲まれて暮らしているのに，農業の機械化が徹底したことで，子どもたちが田んぼの手伝いをすることが全くなくなったことをフォローする意図で実施していました。けれど，原発事故後のほうが，この農事体験は重要な意味を持って熱心に取り組まれるようになったんですよ。

　天栄村は高校がないので，中学卒業後は皆，村の外に進学することになります。部活や修学旅行などで，県外の人たちと交流することもあるでしょうし，大学や社会人になって，県外に暮らす子たちも多い。大里小学校を卒業した子どもたちが，外に行ったときに，福島出身ということで放射能の影響は大丈夫なのかといった質問を受けることがあるかもしれないと思うんです。そんなとき，「安全は，こうして創り出すことができるんだ」ということを，体験を通して理解して，自信を持って言えるようになってもらいたいと考えています。

金井 農家さんと歩みを共にしてきた吉成さんが，役場の定年を1年繰り上げて専業農家になられたのも，この10年の中で驚いたことの一つでした。

吉成 私は大学卒業後，すぐに村役場に就職して，59歳で退職するまで，いろんな部署を担当してきました。そんな中で，役所の担当者として，農家の方々に今まで言ってきたことが実際にどこまでできるのか，試してみようと思っているんです。例えば，金井先生が農事体験で連れてきた学生さんたちの中にも，農業に本気で興味を示して，将来やってみたいと進学先を決めたりしている学生さんたちがいますよね。そういう，人生をかけてやってみたいと思う若い人たちが，農業で食べられるようにするのには，何をどこまでしたらいいのか，自分でも考えて，判断して，できることならそういう場を作っていきたいという夢があります。

　農業というのは，これまでの歴史の中で，家族が継ぐという経営形態をとることが基本になってきたので，外部の人が個人で新規就農してもうまく続かないことが多かったと思います。いつかは法人化して安心して働ける，そういう

場を作りたいと考えているんです。オーガニックにも本格的に取り組んでいますが，有機無農薬で栽培してより身体に負担の少ないものを目指していますが，「美味しいもの」であることも追求して行きたいです。

金井　この10年間の間にも，災害がさまざまに襲ってきましたね。農家さんと都市からの参加者が一緒に支える再生水田が，土砂災害に遭い，稲刈りを諦めざるを得なかったり，2021年と2022年は猪の獣害によって収穫直前の作物を食べられてしまうなど，深刻な事態が続いていますが，諦めずに続けておられますよね。

吉成　なぜ，諦めないのか？
　それは，ここに来てもらえばわかりますよ。山から最初に湧き出す水をため池で一旦温めて稲作をしています。金井先生が神田外語大学の飯島明子先生のチームを誘ってくださって，ここの専門的な生物調査もしてもらっていますが，水芭蕉の群生地があって野鳥の楽園で，絶滅危惧種の生物もいたりする。そして，数年に一度くらいの割合で，再生水田ならではの，とんでもなく美味い米ができるんです。
　台風19号で裏山が崩れ，道が寸断され，収穫の時期に入れずに，11月になって入れたときには稲穂から籾がみんな落ちて枯れた穂先が天を指しているところを見たときには，農家でもこんな光景を見る人はあまりないのではないかな，と呆然としましたが，負けてやめるのは嫌ですね。たまたま自分たちが，遠い昔の先輩たちからお預かりしている田んぼだから，やれるうちはなんとか，ね。
　猪対策も，毎年，知恵を働かせて，農事体験に来てくれた人たちにも手伝ってもらって対策をしているけれど，今年は電柵を倒して田んぼに入ってきて，大暴れだものね。さあ，来年は，どうするか。
　目標が決まったら，あとは方法を考えてやるだけ。こうなったら良いなぁと理想を描かないと，そこには行けないから。

　このインタビューは，田廻りに行った再生水田で収録したものである。水田のまわりには，よく見ると少しずつ，桜の苗木が移植され，元気に育ち始めている。

　福島を代表する天然記念物・三春の滝桜は 1,000 年以上の樹齢を誇る圧巻の桜だが，その苗木が正面に 2 本，すくすく育っている。天栄村には，三春の滝桜の子孫があちこちで育っていて，種まきの時期を村人に教えてくれるが，その仲間入りでもある。

　水芭蕉の群生地を望むエリアには，ソメイヨシノの俊子桜とヒロ子桜。俊子桜は，震災の翌年から 1 年も欠かさずに復興支援イベント「忘れない 3.11」を横浜のセンター南駅前広場で開催された逗子俊子さんを記念している。ヒロ子桜は吉成さんのご母堂で，野菜作り名人だった吉成ヒロ子さんを追善したものである。お二人とも，あちらに旅立たれたが，ここでの並々ならぬ米作りと，集う人々を見守ってくれている。

　苗木といえども春には可愛らしい花をつけるので，皆で花見をしようと言いながら，コロナ禍に見舞われて延び延びになっているが，木々はここ 3 年の間にも随分，成長した。

　インタビューの中で，「負けてやめるのは嫌」という言葉が出てきて，負けず嫌いな吉成さんらしいと微笑ましかったのだが，勝っても負けても諦めずに稲作を続けているニンゲンや，ニンゲンたちと知恵比べをしてご馳走をかっさらって行くイノシシたちの営みを，桜たちが眺めている。水源に位置し，もう 10 年以上農薬を使用していない再生水田には，ニンゲンやイノシシ，桜同様に，驚くほど多様な生き物が暮らしている。この命息づく場に放射能が降ったこと，そしてそれに負けずに稲作が続けられていることを，丸ごと次代に伝えるために，私はどのような言葉を選んだら良いか，再生水田に田廻りをするたびに考えている。

（3）作者・山本おさむさん，登場人物・吉成邦市さんとの対話を終えて

　2022 年になり，早稲田大学教育学部のオープン科目「教育リテラシー」の「災害リテラシー」と，都立深川高校との間で始まった「探究」の授業において，山本おさむ『今日もいい天気』を教材にした授業を試み始めた。

　リモートイベント「何度でも知ろう 3.11 のこと　朗読会 & 読書会」のときに初演した，「漫画朗読」のコンテンツを使っているのだが，リモートイベントで初演する際に，黙読ではなく朗読それも群読することで，ネームの凄味がまざまざと体感できる。黙読するのとは異なり，誰かの声で届けられるネームは，リモートでも作者・登場人物・朗読者・聴衆を一堂に会させる力を持っている。吉成邦市さんや岡部政行さんが挑戦した「放射能ゼロを目指す米作り」を，『今日もいい天気』の「原発事故編」第 29 話「青空」で山本おさむさんは，

　「小さな試験場でのデータはあっても実際の田んぼで試すのは日本初のことだった」
　「後に『何か自信や根拠があって始めたのか』と問われた事務局長の Y さんは」
　「そんな自信も根拠もなかった」
　「『そうでも言わなければ仲間たちも自分も絶望を選択するしかなかった』と声を詰まらせた」

と集約している。その「自信も根拠もない」，ひたすら努力の限りを尽くした試行錯誤の結果として，2011 年度の米は他の地域に先駆けて放射能 ND（未検出）となり，天栄米栽培研究会の会員たちに「自信と根拠」を与えていくようになる。しかし，「自信と根拠」をもって，米・食味鑑定コンクールで金賞の連続記録を作っても，福島県産天栄米がデパートやスーパーの棚を賑わせる日々はまだ来ていない。

　『福島復興知学講義[5)]』の第二講は関谷直也の「風評被害の実態と対策」で

あるが，関谷のデータの検証と分析によれば，震災後 10 年以上を過ごして，かつて福島県産の米が新潟県産の米に挑んで占めていた棚は，原発事故後には山形県産「つや姫」と北海道産「ゆめぴりか」に取って代わられ，その後もブランド米の抗争の場となっていて，福島県産のブランド米が返り咲くには至っていない。安全性が担保され（全袋検査と近年のサンプリング検査），美味しく安い福島産は，外食産業の「ごはん」として流通のルートが確立してしまったという[6]。震災前までは海外への輸出も好調であったが，福島県産が日本米の輸入量トップであった台湾においては香港・中国・韓国・マカオ・米国と並んで未だ輸入規制がかかっている現状である。関谷は全般的な打開策として，「「事実」を知らせていくこと[7]」をあげているのだが，大学生や高校生たちが，この固定化してしまったポジションを彼らの新たな発想から打開する提案をしてくれるかどうか，興味深く見守っているところである。

　かく言う私も，2022 年 12 月，早稲田大学そばに「ごはん屋たまり」を開業して，生産者である農家さんや漁師さんたちと，米を軸として福島を中心とする東北の食材を提供する活動をスタートさせ，食の「安全」あるいは「安心」をどのように創出していくか，協働し始めている。「事実」の知らせ方には，まだまだ人の知恵を寄せ合い，挑戦する余地があるはずである。

（金井景子）

【注】
1)　当時流れ続けたＡＣジャパンのＴＶコマーシャルのフレーズ。
2)　Togetter「学生だけの南三陸町復興ボランティア（3/14 夜〜16 夜）のツイートまとめ」(https://togetter.com/li/274636)（2022.10.15 閲覧）
3)　自伐型林業（じばつがたりんぎょう）とは，採算性と環境保全を高い次元で両立する持続的森林経営です。参入障壁が非常に低く，幅広い就労を実現します。今，国土の 7 割を占める山林を活用する「地方創生の鍵」として期待され，全国各地で広がっています。　—「自伐型林業推進協会」HP（https://zibatsu.jp/）（2022.10.15 閲覧）より引用。
4)　「一般社団法人東北 GYROs」HP（https://tohokugyros.jimdofree.com/）（2022.10.15 閲覧）

5)　秋光信佳・溝口勝編著（2021）『福島復興知学講義』東京大学出版会
6)　『同上書』52-63 頁を参照のこと。
7)　『同上書』69-72 頁を参照のこと。

終　章

防災の担い手となるために
——「共助」を豊かにイメージする

　この章では、これまでの流れを踏まえて，今後の担い手にとって，どのような課題や可能性を想定されうるかについて，提言をしている。

　松井一洋によって作成された，次の図を見ていただきたい。

図終-1　防災活動の原点と構造

出典：松井一洋『市民防災読本 減災から，災害死「0」へ』(2021，近代消防社)

　「自助」が「自分と家族の命を守る」という生存のための基本であり，「公助」が行政による「市民防災活動への支援」という明確なものであるのに対して，「共助」は「地域コミュニティの相互支援／避難支援」という，「地域コミュニティ」の存在に左右されるものになっていることを確認してから，終章を始めたいと思う。

　本書でこれまで紹介してきたことからも分かる通り，東日本大震災の発生時から今日に至るまで，東北の被災地においては南三陸町や天栄村がそうであるように，互いの存在を確認できる「地域コミュニティ」が維持されているところが多かった。震災後の混乱の中にあって，消防団による避難支援や救助，避難所・仮設住宅の運営補助など，蓄積された知恵やスキルが発揮されたのは記憶に新しい。

　それに対して，都市部——たとえば都心の「地域コミュニティ」はどうであろうか。日中は出勤や通学によって人口が膨れ上がるが，夜間には大半が近郊に帰宅するので，「共助」の拠点となる「地域コミュニティ」をどこに見出すかということから考え始めなくてはならない。また，住居がある場所で「地域コミュニティ」を構想する際も，集合住宅の隣人同士の間で交流はなく，戸建であっても近所付き合いが乏しいという現実がある。コミュニティは地域単位というよりは，勤め先や学校，SNSをフィールドとした趣味のコミュニティへと移行・拡散しているのである。

　とは言え，現状がどうあれ，災害は発生する。自身が怪我を負ったり，家族にケアが必要な人がいる場合など，「自助」に限界が来て，なおかつ「公助」が及ばないとき，生き延びるために「共助」が必要になることはある。また，被災した状況下で，自身が幸いにも心身共に健やかであり，「共助」の提供者あるいはリーダーとして動くことができるということも想定される。

　「共助」の享受者になる場合も，提供者になる場合も，当人が置かれた状況を落ち着いて理解し，次に何をすべきか（すべきでないか）について判断して，周囲と連携すること。「地域コミュニティ」に「共助」の資源を見出し得ないことを嘆くのではなく，むしろそれを前提として，各人が防災文化のリテラ

シーを身に付けてコミュニティの核となる逆転の発想を持つことが必要なのではないだろうか。

　松井一洋は，先にもあげた著書において，防災文化を三つの区分で捉えている。

（1）　後天的に学ばれるもの（学ばれる文化）

（2）　社会の成員が共有するもの（共有する文化）

（3）　次世代の人々に伝達されるもの（伝えるべき文化）

　これは，防災をマニュアルやハザードマップ，その時々の情報に集約して事足れりとする発想とは正反対のものである。防災を学ぶ人間が，共時的にも通時的にも，自然に問いかけ，他者と連繋しながら言葉やイメージを紡いで文化を創造する主体となる謂である。学びの場は，学校教育の中にも，社会教育の中にもあり，何より被災地を訪れてそこで生きる人々の声に耳を傾ける時空にある。

　東日本大震災の翌年に書かれた「東日本大震災からの復興と学校教育」において小泉祥一は，地震大国日本においては自然災害が避けられない以上，災害対策として自然の統制や征服に終始するのではなく，自然との共生，地球や大地の営みとの共存・共栄の在り方を根本から模索する「第二の戦後教育」の構築が必要であると提言した。文部科学省が21世紀を担う人間に不可欠なものとして学習指導要領の中核に位置するものとして据えた「生きる力」「確かな学力」「実生活や実社会との関連」を，東日本大震災を契機に検証し直す必要性を指摘したものであるが，振り返るに東日本大震災からの10年の歳月は，地球の温暖化に伴う気候変動によって日本のみならず世界中で自然災害が多発・激化した日々であり，新型コロナウイルス感染症がパンデミックを引き起こして人々の生活様式を根底から問い直す季節の始まりでもあった。大人が「生きる力」「確かな学力」「実生活や実社会との関連」の導き手である前に，自らの「生きる力」「確かな学力」「実生活や実社会との関連」を問い直すことなしには前へ進めなくなったのである。

　本書に登場する若い人たちは，10代から20代へ，あるいは20代から30代

へと被災地に足を運び続けて，先輩たちの声を聴きながら，防災文化を学んでいる。彼ら彼女らだけではなく，旅先のふとした出会いや誘われて参加したボランティア活動を契機にして，その場所とそこに生きる人々に縁を結んで学び，やがては「共助」の担い手になるだろう。

おわりに

　住民の高台移転によって，1928 年の三陸津波に遭遇しても犠牲者を出さなかったという奇跡の村・吉浜（岩手県大船渡市三陸町）。地理学・民俗学の研究者である山口弥一郎は，調査旅行を重ねて，この村に辿り着き，その感動を著書『津浪と村』(1943, 恒春館出版，復刻版 2011, 三弥井書店) に綴った。『津浪と村』の「序に代えて」には，柳田國男から「心安く読める」ような書物を刊行することを勧められたと記している。1896 年の三陸大津波の甚大な犠牲を踏まえて吉浜は高台移転を決行したのだが，他の村も同様に多くの人命を失い，一旦は高台に移ったものの，やはりいつの間にか海岸沿いの低地に戻ってしまい，1928 年には 1896 年の二の舞になってしまう。柳田國男は，山口弥一郎がアカデミズム向けの研究論文ではなく，読もうとする意志さえあれば「心安く読める」本の中に，吉浜の奇跡を綴るように，そっと促したのだろう。

　本書が「心安く読める」かどうかは，甚だ心もとない限りであるが，講演会シリーズの際に，早稲田大学の 16 号館の教室に集ってそれぞれが生きたあの日のことを語ってくださった方々や，今回，求めに応じて震災後の歩みを踏まえて防災を未来につなげて文章を寄せ，語ってくださった方々の声が，読者に届くことを願って止まない。防災教育を介して，私たちが次代に手渡すべきものは，被災地と共に生きる人々の言葉である。その仲立ちをする責任感と幸せを噛み締めている。

　一刻も早く新型コロナウィルスの感染状況が沈静化して，大学という開かれた広場がまた，さまざまな声で溢れ，時に激しい論議が交わされたり，誰かに想いを馳せて沈黙を共有する場になることを，切に願う。

　2023 年 2 月 14 日

金井景子

執筆者・協力者一覧

【執筆者】

金井　景子　早稲田大学教育・総合科学学術院（第1章，第3章，第4.2, 4.4, 4.5章，
　　　　　　第5.3章，終章）

大場　黎亜　東北 GYROs 代表理事，株式会社 Plot-d 取締役／プロットデザイナー
　　　　　　（第2章，第4.1, 4.3章，第5.2章）

本田　恵子　早稲田大学教育・総合科学学術院（第5.1章）

【協力者】

[シリーズ『被災地の声を聴く』講演者の皆さん]

澤井　史郎　　佐藤　長治　　高村　美春　　楠原　貴洋　　岡部　政行
木下　裕章　　和合　亮一　　田畑　祐梨　　宍戸　大裕　　渡部　義弘
後藤伸太郎　　谷　　由布　　猪又　隆弘

〈第3章〉

南　壮一郎　　冨里美由紀　　八木澤宗弘

〈第4章〉

田端　祐梨　　岡部　政行　　高橋　直哉　　後藤伸太郎　　杉本　　肇

〈第5章〉

松田　　楓　　石川　愛理　　馬屋原瑠美　　中浦　晃希　　中島　和奏
永井　　敦　　山本おさむ　　吉成　邦市

声の聴こえる防災教育
　—被災地と共に生きる人々から学ぶ　　　　　　　　　　［早稲田教育叢書40］

2023年3月30日　　第1版第1刷発行

編著者　金井景子

編纂所　早稲田大学教育総合研究所
　　　　〒169-8050　東京都新宿区西早稲田1−6−1　電話　03（5286）3838

発行者　田　中　千津子　　　　　　〒153-0064　東京都目黒区下目黒3−6−1
　　　　　　　　　　　　　　　　　　　　　　　電話　03（3715）1501（代）
発行所　株式会社　学　文　社　　　　　　　　　FAX　03（3715）2012
　　　　　　　　　　　　　　　　　　　　　　　https://www.gakubunsha.com

ISBN978-4-7620-3232-5